여성적 가치의 선택

FORESEEN 연구소

문신원 옮김

東文選

여성적 가치의 선택

여성적 가치의 선택

L'ALTERNATIVE DES VALEURS FÉMININES

차 례

머리말

예측이라는 것은 간혹 실망스러울 때가 있는데, 이는 아마 그것이 흔히 과거에 대한 일반화와 미래에 대한 꿈에 불과하기 때문일 것이다.

그러나 오늘날처럼 급변하는 세계에서 21세기의 첫 10년간을 더 지혜롭게 대처하기 위해서는, 현재 진행중인 격변을 이해하고자 하는 노력보다 더 필요한 것은 없다.

사회학적 추세를 관찰하는 국제연구소인 FORESEEN이 Havas Advertising에 의해 설립된 것은 이러한 겸허하고 멋진 야심에 따른 것이다. 변혁은 필요한 것인 만큼 우리 사회 내부에서 생겨나는 조류들을 탐지해 내기 위해 무장하고, 아직 태동단계에 있는 사고의 새로운 방식들과 개인적이며 집단적인 형태들을 밝혀내며, 어쩌면 미래를 지배하게 될 자들에 대해 가정을 해보는 것은 지혜로운 일이다.

우리가 새로운 밀레니엄뿐만 아니라 엄연하게 새로운 문명으로 접어든다는 것을 분명하게 인식해야 한다. 향후 20년 동안 우리가 맞이하게 될 변화들은, 지난 200년 동안 진행되었던 변화들보다 실제로 더 중요하게 될 것이다.

오늘날 진행중에 있는 쟁점들을 이해하기 위해서 못지않게 중요한 지표들이라고 할 수 있는 현재의 변동들에 대하여 분석가들이 정기적으로 그들의 설명을 제공하고 있기는 하지만, 우리는 FORESEEN 연구소와 더불어 우리 사회에서 태동하여 미래에 결정적인 역할을 하게 될 사회학적 움직임들을 조사함으로써 보다 앞서 나가기를 원한다. 왜냐하면 우리들이 지켜보게 될 기술적이며 과학적인 진보를 넘어 우리의 생활양식들과 우리 사회의 구성 자체가 수정될 것이기 때문이다. 그리고 그와 함께 틀림없이 그것들을 결속시키고 형성시켰던 가치들 중의 일부도 수정될 것이기 때문이다.

우리의 많은 작업들은 베르나르 까뜰라와 C.C.A. 연구원들의 엄격한 감독하에 있는 커뮤니케이션 그룹인 Havas Advertising팀들의 일상적인 작업을 토대로 하고 있다.

우리는 사실 광고인들처럼 공급적인 측면에서, 경제생활과 공공생활을 이끌어 나가는 주역들의 필요성과 수요적인 측면에서, 소비자들과 시민들이 바라는 기대감의 교차점에 위치할 수 있는 행운이 있었다.
63개국에 걸친 연구원들의 활동 덕분에, 우리는 세계적인 차원에서 우리 사회를 변화시키게 될 이러한 추세들을 깊숙이 파악할 수 있었다.

FORESEEN 연구소와 더불어 우리는 예측을 하자는 것이 아니라, 미래를 준비하는 자들로 하여금 보충적인 성찰의 요소들을 비롯해, 그들을 에워싸고 있는 세계에 대한 보다 넓은 이해를 지닌 상태에서 행동하고 앞날을 맞이하게끔 하기 위해서 우리들이 관찰하는 것을 활용하자는 것이다.

어느 누구도 미래가 우리를 위해 무엇을 준비하고 있는지 예측할 수는 없을 것이다. 그러나 그것은 인간들이 결정하는 바대로 될 것이라는 점은 분명히 하도록 하자. 그렇기 때문에 우리는 오늘날 우리 사회를 건설하는 주역들인 기업세계, 공직사회, 그리고 지식인사회의 지도자들이 우리가 밝혀낸 거대한 추세들에 대하여 그들의 시각과 확신들을 나타내 주기를 원했던 것이다.

그들은 바로 자신들이 실천에 옮길 행동을 통해서, 위축됨이 없이 아직은 불확실한 모습을 지니고 있는 이 새로운 세계로 우리를 이끌고 갈 수 있는 능력을 갖게 될 유일한 자들이다.

우리의 야심은 결국 FORESEEN 연구소와 더불어, 이제부터 미래가 필시 어떻게 될 것이라는 시각을 가져 보자는 간단한 말로 요약될 수 있을 것이다.

알랭 드 뿌질락

서 론

여성적 가치들의 선택: 여성들의 승리인가? 아니면 새로운 공유 가치체계의 출현인가?

대립적이면서도 상호 보완적인 여성과 남성은 생물학적인 두 실체로서 우리 문명을 만든 문화의 구성체들이다. 그러한 성의 차이는 수십 세기 동안 경제적·사회적·개인적이자 문화적인 인간관계의 총체를 형성해 왔다. 따라서 남성과 여성 간의 역할 분배가 권리와 관계의 평등 차원이라는 피할 수 없는 수정을 끌어내면서 변화한다면, 근본적으로 전복될 것으로 여겨지는 것은 바로 사회 전체이다.

그러한 역할 분배는 자연 질서에 속한 것으로 여겨짐에 따라 항속적인 것으로 인정되었고, 범할 수 없는 것으로 오랫동안 믿어져 왔다. 문화가 자연 속에서 쉽게 그 정당화를 발견하였던 것이다. 그럼에도 그러한 차별적인 상태는 20세기에 걸쳐 페미니즘과 여성들에 의해 점점 맹렬하게 비판받았다. 시몬 드 보부아르의 명언이 있다. "우리는 여자로 태어나는 것이 아니다. 여자로 만들어지는 것이다." 다분히 남성적인 질서로 이루어진 자연을 끌어들여 역할 분배를 정당화시킨 것을 단호하게 거절하는 말이다.

　페미니즘이 일으킨 전투는, 그것의 정치사회적 요구가 어느 누구도 진지하게 반박하려고 하지 않는 사회적 현실들이 됨에 따라 이미 지나간 것이 되었고, 이제 이 시대의 남성과 여성은 보다 근본적이면서도 이전과는 철저하게 다른 급격한 변화를 준비하고 있다. 이른바 '여성적인' 것이라고 불리는 가치들을 촉진하고 장려하는 사회문화적인 선택이 부각되고 있는 중이다.

　다른 쪽 성으로부터 노획한 전리품들로서 노동의 권리와 성적 자유, 경제적·정치적인 권리에의 진입을 획득하면서 페미니즘과 함께 여성들은 남성적인 가치들을 가로채어 점유해야만 했다. 불가피한 그러한 점유는 여성사의 한 획을 긋는 여성 해방의 시대를 기록하였지만, 동시에 이질적인 남성 문화의 수용으로 인한 변질을 유발하였다. 그러한 태도는 여성들에게 있어 그것이 80년대의 여성 행정관이라는 이미지 속에서 그 한계를 보여 준 것처럼 남성들에게도 불안정한 상태가 되었다. 70년대의 극단과 그 시대가 얻어낸 중요한 획득물들 이후에, 여성들은 여성으로서의 자신의 정체성을 이루고 있는 것을 잃고 싶지 않다는 점을 분명히 드러내 보였다. 그 당시 성의 전선 쌍방에서 알려졌던 것과는 달리 경구 피임약은 모성을 죽이지 않았다.

　이 책이 그 출현을 알리고자 하는 근본적인 문화의 변화들은 완전히 다른 속성으로 이루어진 것이다. 10년, 15년 후에는 전 구성원에게 충격을 줄 문화적 혁명이 도래할 것이다. 이는 여성들뿐만 아니라 남성들에게도 마찬가지이다. 이러한 행동의 혁명은 산업화된 나라의 남성들·여성들에게 강한 영향을 미칠 것이다. 그들의 상상적 세계 속에서, 그들의 태도 속에서, 그들의 상호 인간적인 혹은 직업상의 관계 속에서, 그들의 개인적인 혹은 공적인 행동 속에서.

지금으로서 그러한 변화는 이제 막 출현해서 겨우 감지할 수 있을 정도이고, 전개되려면 앞으로도 많은 시간이 필요한 추세이다. 아직까지 그것은 현행 가치체계를 대체할 수도 있고 그렇지 않을 수도 있는 선택적인 것일 뿐이다. 그럼에도 그것은 즉각적인 주목을 받을 만한 가치가 있다. 왜냐하면 그것의 파급효과들이 만일 확인된다면 우리의 문화적 모델들, 우리의 사회조직들과 새로운 상황에 대한 사적인 삶의 즉각적인 반응구조들 자체에 충격을 가할 것이기 때문이다.

예견되는 이 선택은 여성들이 남성들의 정체성을 점유하기를 포기했던 이후, 여성적인 정체성이 남성적인 정체성에 자신의 권위를 인정하게 하려 애썼던 문화적인 두 신분의 싸움에 이르지는 않을 것이다. 따라서 이 두 성의 전쟁은 일어나지 않을 것이다. 그와는 반대로 우리가 예고하는 이 문화적인 혁명은 이른바 '여성적인' 가치들이 특권을 부여받게 될, 남성과 여성들에 의한 새로운 공유 가치체계의 출현에 근거한다.

여기에서 말하는 여성적 가치들이란 남자 혹은 여자라는 구체적인 개인들을 가리키는 것이 아니라 원리들, 사회적 혹은 개인적인 기능의 모델들과 구조들, 판단과 결정의 기준들, 우리가 '남성적인' 혹은 '여성적인' 이라고 규정지을 수 있는 행동들과 행위들을 말하는 것이다. 우리가 그 두 형용사를 선택한 이유가 바로 그 때문이다.

이는 서양에서는 처음 있는 일은 아닐 것이다. 서양에서는 문명화 작업을 통해 남성들이 여성적 가치의 선택을 다소 깊이 흡수했기 때문이다. 12세기에 남프랑스의 음유시인들이 새로운 감정으로 표현하며 노래했던 사랑이 이미 그러한 선택에서 태어났다. 우리 역사에는 두 번의 전쟁 기간 동안 남성과 여성들이 그들이 살고 있는 사회가 기본적으로 군대의 가치, 즉 엄밀히 말해 남성적인 가치들에 의해 구조화되었다는 사실을 다같이 잊고자 했던 은밀한 순간들이 있었다. 가치의 선택이 기본적으로 모든 물질적인 구속으로부터 자유로운 엘리트들에게 관련되었던 시대와는 달리, 이러한 사회학적인 경향은 오늘날 50년 이후로 예외적인 평화의 시대를 누리고 있는 산업국가들의 모든 국민들에게 관련된다.

이른바 여성적인 것이라 말해지는 이 가치들——삶의 수호, 도덕적인 힘, 감정적인 카리스마, 균형, 격려하는 권위, 직관적인 인식——이 어떻게 전지전능한 권위의 가치체계에서 생겨난 정치권력, 부계주의의 세습, 양적주의의 합리성에 지배된 과학적 연구 등 우리 사회적 삶의 주요 측면들을 형성시켜 나갈까? 마찬가지로 마케팅에 대해서는 어떠한 영향의 중대성이 있을 것이며, 자동차의 힘과 여성을 대상화시킨 표현으로 오랫동안 특징지어진 광고 표현들은 어떻게 발전되어야 할 것인가?

여기서 표현하고자 하는 개관의 다양성이나 새로 떠오르는 태도들에 의미를 부여하는 역할을 맡고 있는 사회학자의 성찰 이외에 산부인과 의사, 여성/남성 정치가들 혹은 자동차 제작자, 신문사 사장들은 미래의 사회의 모습에 따라 좌우될 새로운 공유 가치체계의 출현이 어떻게 해서 선언되었는지를 우리가 이해할 수 있도록 해줄 것이다.

I

사회학자의 시선

사회학적 추세의 진단

1

진행중인 개혁의 간략한 역사

가부장제에서… 페미니즘까지, 이른바 여성적 가치의 선택까지

아주 옛날에는

산업화된 모든 사회 속에서 우리는 집단적인 상상의 세계가 남성적인 신화에 의해 지배되는, 그리고 일상의 현실이 남성 결정권자들에 의해 통치되는 가부장적인 문화를 상속받았다.

각 성의 역할은 뚜렷하게 구분되어 남성에게 유리한 쪽으로 체계화되고 계급화되어 있었다. 여성 신분의 가치와 고귀함은 늘 남성들이나 가족의 생태계에 봉사하는 것으로만 정의되었다.

그러므로 제헌의회 의원들이 헌법 전문에 인간의 절대적인 권리들을 작성하였을 때, 그 남성들이 'droits de l'homme' 〔'인권'이라고 해석되나, 프랑스어의 'l'homme'는 '인간'이라는 뜻과 동시에 '남성'이라는 뜻을 갖는다〕라고 이름 붙인 것은 참으로 당연한 것이었다.

그 지배 메커니즘은 일차적으로는 그것이 종교적 모델의 결말이기 때문에 뿌리 깊은 것이다. 2천 년 전부터 신은 서양

문명에서는 한 인간이자 아버지였다. 다음으로 가족은 울타리, 생존의 작은 동아리의 역할을 하기 위해 만들어진 삶의 조건이기 때문이다. 그러한 동아리는 육체적인 힘으로 사회 지배권을 보장받았던 남성들에 의해 지켜지고 키워졌다.

그런데 이 역사적인 가부장제가 위기에 처했다.

도시화와 그로 인한 농촌의 쇠락, 산업 메커니즘에 이은 제3차 산업의 경제로 가족이 해체되기 시작하여, 여성은 가정에 얽매여 오로지 아이를 생산하는 어머니로서의 임무에서 벗어나 산업 생산의 역할을 획득하기 시작하였다.

체계적인 학교 교육의 정비, 조합의 투쟁, 이혼의 합법화는 혼자 어려운 고비를 헤쳐 나갈 수 있는 능력 있는 여성이라는 관념을 싹트게 했다. (그렇다고 해서 좋지 않은 삶을 살기 위해서는 아니다.) ……종교적 영향의 상실이 19세기부터 유럽과 미국에서 가속화되었다.

유럽에서의 세계대전은 여성들에게 자율적인 삶의 능력과 경제력을 안겨 주었다.

그로부터 남성의 지배 역할에 대한 최초의 항변들이 생겨나게 되었다. 그러한 항변들은 제1·2차 세계대전 기간에 정치정책에 관한 '여성 참정권론자'와 사회정책에 관한 '자립적이고 자유분방한 사내 같은 여성들'에 의해서 이루어졌다…….

과거에는

60-80년대 페미니즘은 수천 년 동안 이어져 온 가부장제에 대한 항변의 절정기를 이루었다.

——교육과 직업체계에서의 기회와 권리에 대한 평등권 요구.

——여성 자신의 육체와 여성 자신의 아이 생산 기능에 대한 소유권 요구. (피임과 낙태의 합법화, 강간 범죄, 가정 내 폭력, 또는 직장 내의 성희롱에 대한 저지와 처벌 가중화.)

——여성 자신의 인격을 마음대로 사용할 수 있는, 혼자 살아갈 수 있는 권리를 위한 개체주의 요구.

20세기의 페미니즘은 산업화된 서양 사회에서 상당히 변화되었다. 1차 혁명이 이루어졌다…….

그 증거로 '해방된 여성'이라는 새로운 모델이 서양이나 외부 종교의 교조주의에 의해 동시에 억제되었던 것을 들 수 있다.

그러나 남성적인 지배구조가 가진 속성들의 본질을 제 것으로 삼을 각오로 그것을 전복하는 것이 목적이었던 페미니즘은, 그런 이유로 결코 진정한 선택을 제공할 수는 없었다.

우선 페미니즘이 남성적인 모델과 가치에 대한 체계적인 항변이라는 전투적이고 '혁명적인' 단계를 넘어서는 데에 성공하지 못했기 때문이다……. 대체할 수 있는 새로운 가치체계나 새로운 사회철학, 역할에 대한 새로운 대안 등을 내놓지 못했다.

두번째로 페미니즘은 역할의 새로운 규칙들을 확립하기보다는 그 결과 남성/여성관계를 봉쇄하며 상호간의 편집병을 일으킨 '성의 전쟁'을 선동했기 때문이다. (그 대표적인 예로 특히 미국에서 두 개인의 모든 만남에서 물의를 빚으면서 직장 내의 관계를 마비시키고 있는 '성희롱'에 대한 불신과 의혹을

들 수 있다.)

끝으로 페미니즘은 여성들 자신에게 어머니로서, 아내로서, 연인으로서 한 가정을 책임지고 있는 자신들의 역할들을 수용하기 위한 새로운 모델들을 제공하지 않았다.

오늘날에는

10년 전부터 우리는 성 역할이 사회 속에서 더 이상 분명하게 할당되지 않는 혼미한 상황을 겪고 있다.

90년대로 접어든 오늘날 우리는 집단적인 가상의 세계와 행동들 속에서, 이미 지나간 옛날의 고정관념과 새롭지만 실패한 모델들의 가장 일상적인 행동들이 공존하는 애매모호한 시대를 살아가고 있다.

페미니즘은 역부족인 것처럼 보인다. '자연스러운' 것으로 생각되어 온 남성 지배의 가부장적인 낡은 체계를 문제삼아 반체제주의의 역할을 했지만, 여성적인 신분의 새로운 상징들을 창출해 내기 위한, 이 두 성의 관계에 대한 새로운 모델을 제시하기 위한 방안들을 내놓지 못하였다.

특히 페미니즘은 사회에 새로운 가치체계나 기능 논리를 제시하지 않았다. 대안을 제시하기보다는 남성적인 가치들 근처에서 그 통제권을 놓고 서로 싸웠을 뿐이다.

그런데 서양 사회의 급격한 변화는 남성들처럼 여성들 각자의 심리상태를 보다 약화시켰다. 자신의 삶을 임시변통으로 꾸며내는 것, 그날그날 가치들이 만들어지는 것은 너무 불안한 일이다.

그 결과 나타난 것은 점점 남성/여성 방정식을 다시 정의

하는 것이 본질적인 사항이 될 새로운 사회 질서에 대한 강렬한 열망이다.

미래에는

그렇다면 새로운 모델은 어떤 것일까?

기본적으로 사회를 불안정하게 만드는 70-80년대의 페미니즘은 새로운 모델이 될 수 없다.

이전 수십 세기 동안 이어져 내려온 **가부장제로** 다시 돌아가는 것은 더더욱 아니될 일이다. 분열되고 불안정한 사회구조가 그것을 더 이상 용인하지 않을 것이기 때문이다.

페미니즘에 반발하여 나타난 20세기의 남성 우위의 사회체제론인 **마치즘**(machisme)도 물론 아니다. 현재의 변화는 오래전부터 남성들이 구상하고 통치해 온 '남성적인' 본질(힘에 의해 자연과 타자를 지배하는 것)로 이루어진 이 '프로메테우스 문명'의 실패로 인해 빚어진 사회문화적인 변화이기 때문이다.

그 새로운 맥락에서 각각의 역할에 관한 불확실은 새로운 모델을 찾도록 부추긴다.

새로운 모델은 남성적인 가치보다는 여성적인 가치에 특권을 부여하며, 여성들만큼이나 남성들에 의해서도 실행되는 모델이 될 것이다……. 그러나 유혹이나 열정의 가치들보다는 보다 도덕적인 힘이 있는, 정서적·직감적·경험주의적·사회 연대적인 조화와 행복의 모성적 가치들에 특권을 부여하는 모델이 될 것이다.

그것이 이른바 여성적인 것이라 불리는 가치들의 선택이다.

새로운 시대의 열쇠로서, 진행중인 사회 변화들의 한계를 극
복하고 두 성이 공유할 수 있는 가치체계를 만들어 낼 관계
의 새로운 모델로서 오늘날 서양 산업사회에서 취하려 하는
선택인 것이다.

2

여성적인 가치의 선택

가치체계의 전복

과거에는

　가부장적인 사회에서는 '남성 우월주의적인 가치들'이 찬미되었다……. 페미니즘은 그런 가치체계를 진정으로 개혁시키지 못했다. 여성들이 '비즈니스 우먼'이나 여성 '동 쥐앙' 혹은 활동적인 여성 모험가의 역할들에 의무로서 부과할 수 있었던 것이 바로 그러한 남성적인 가치들이었기 때문이다.

오늘날에는

　"역설적이게도 페미니즘은 마치즘을 장려했다." 최근 영화 속에 '근육질의 마초〔남성 우월주의에 사로잡힌 남자〕들'이 이미 귀환한 후에, 배우들이나 남성 광고 모델 캐스팅에서 마치즘이 다시 돌아와 있는 것을 볼 수 있다.
　그러나 진정한 가치 개혁은 21세기 초반에 남성 우월주의의 가치를 계승하고, 남성과 여성 모두가 공유하는 가치들의 새로운 시대를 열어갈 이른바 '여성적인' 가치들과 함께 아직 우리 앞에 놓여 있다.

미래에는

우리는 이미 그 변화들을 간파한다.
* 도덕적 힘과 감정적이고 정신적인 영향력이 육체적인 힘이나 물질적인 권력의 지위를 빼앗는 곳에서.
* 균형에 대한 우선권이 성장이나 정복이라는 목적에 대해서 우위를 차지하는 곳에서.
* 점진적인 사회 개혁을 원하는 개량주의가 단절 없이 차츰차츰 빠르고 불안정한 혁신이나 급진적인 개혁의 가치들을 대신하는 곳에서.
* 협력 정신, 상호 부조의 정신, 연대 정신, 원조 정신 등이 공격적이고 경쟁적이고 도발적이며, 대립적이고 갈등적인 정신 등의 지위를 떨어뜨리는 곳에서.
* 가능하면 격려를 통한 '덜 권위주의적인,' 보다 설득력이 있는 '보다 부드러우면서도 강한' 다른 형태의 권위가 명령적인 권위주의를 물리치고 나타나는 곳에서.
* 여전히 엄격하나 교육을 목적으로 하는 보다 교육적인 규율이 처벌 정신의 엄격하고 억압적인 규율을 대체하는 곳에서.
* 절충·중재의 의미, 서로 다른 사상체계에 대한 관용의 정신, 복잡성과 역설의 논리가 미묘한 차이나 중간의 선택 없이 '흑/백'의 이분법이나 '네/아니오'의 불의 논리(logique booléenne; 컴퓨터의 검색 논리), '전부 아니면 무'의 비타협성을 대체하는 곳에서.

* 직관에 의한 '느낌', '형식'에서의 총체적인 평가, 체계적인 종합 정신이 순전히 지적인 합리주의적이고 양적주의적인, 계산적인 분석 정신의 접근들을 세정시키는 곳에서.
* 형식주의를 무시한 신뢰로 이루어진 계약에 대한 관념이, 법의 '공식적인 문서'에 따른 공식주의·법 만능주의를 시대에 뒤떨어진 것으로 만드는 곳에서.
* 공동체의, 가족의, 혹은 부족생활의 통합의 가치들의 부흥이 '자신만을 위한' 개인주의를 대체하는 곳에서.
* 안정성과 평화, 집단적인 조화에 대한 관심 속에서 규칙들에 대한 존중이 기꺼이 선동적인 반순응주의의 자격을 박탈하는 곳에서.
* 장기적인 전략의 확립과, 그것의 인내와 끈기의 가치들이 한순간에 효과를 얻으려는 속도주의라든가 '빨리빨리' 서두르는 조급함으로 단기간을 목표로 하는 가치들을 누그러뜨리는 곳에서.
* 기부·공유·아량에 대한 재평가가 소유와 거래의 가치들과 조화를 이루게 되는 곳에서…….

II

실제적 파급효과

각 전문 분야에 나타나는 결과들
(공직 · 기업 · 마케팅 · 커뮤니케이션)

1

권력 행사에 관한 여성적 가치의 파급효과

독재주의와 부드러운 합의 사이의 활기 있는 리더십

권력은 성을 소유한다...

권력의 행사는 결정권과 실행권을 잡는 데에 있다.

결정권 장악의 모든 모델은 그 자체로 각 지도자들의 개별적인 퍼스낼리티와는 별개인 문화적인 선택이다. 각각의 사회와 각각의 시대는 자연스럽게 지배적인 가치와 동위상에 있는 중요 인사들 중에서 지도자들을 선택한다.

결정권자는 암암리에 어떤 규칙들을 따르는가?

정론에 충실한가, 아니면 혁신에 충실한가? 분석인가 비전인가, 감정인가 이성인가? 윤리인가, 효율성인가? 최소한의 경비로 안정을 추구하는가, 아니면 정복을 추구하는가? 협의를 중요시하는가, 자신의 의지를 따르는가? 합의를 추구하는가, 아니면 수용된 혼자만의 권위를 따르는가? 테크노크라트의 시각을 믿는가, 대중의 관점을 따르는가? 인기에 흔들리는가, 아니면 무관심한 채 자신의 신념을 따르는가?

그러나 정치적일 수도 있고 경제적일 수도 있는 권력의 행사는 또한 거의 종교적인 기능을 한다.

지도자는 결정하고 통치할 뿐만 아니라 집단의 정체성을 구현하기도 한다. 왕이 갖는 영원한 정체성이나 선거로 뽑힌 일시적인 지도자에 의한 정체성, 종교의 교주를 통한 정신적인 혹은 사장으로 대표되는 일시적인 정체성, 고위공무원이라는 형식 아래에서의 제도상의 정체성, 혹은 사장·조합·정치 지도자와 같은 편인 일당의 정체성…….

피지배 무리들에게 지도자는 어떤 상징을 갖는가?

호전적인 콘키스타도르(16세기에 중남미 대륙을 침입한 에스파냐인들의 호칭)인가, 방어 성벽인가? 운명에 대해 비전을 가진 자인가, 아니면 역사적인 인류의 유산을 지키는 자인가? 일상을 관리하는 자인가, 변화를 추구하는 모험가인가? 귀족계급의 권력인가, 아니면 대중의 지배력인가? 여론을 따르는 보다 큰 공통분모인가, 제안을 하는 소수파인가? 일상적인 삶의 구현인가, 엘리트주의의 살롱에서 나오는 메아리인가?

결국 상징과 행위의 교차점에서 권력은 늘 하나의 윤리 속에서 구체화된다.

가장 사실적인 문제에 직면한, 객관적인 구속의 핵심 속에 유폐될 때조차 실용적인 순수 정신으로 활기를 띤 결정권자들 중 최고층 테크노크라트는 내용에서뿐만 아니라 결정이나 커뮤니케이션의 방식에서도 그 선택의 도덕적 차원을 피해 갈 수 없다……. 오늘날은 과거보다 훨씬 덜하다. (우리가 이미 FORESEEN 총서의 두 권의 책, 《도덕적 명령》과 《21세기를 위한 새로운 엘리트〉에서 주장했던 것처럼.)

　게다가 여론은 지도자가 공중도덕의 모범이 되기를 기대한다. 그가 법령으로 정한 규칙들과 법들에 의해, 그가 자신의 영향권 속에서 실행하고 있는 활동 규칙들에 의해, 그 자신의 행동들의 본보기에 의한 것조차.

어떤 도덕이 권위를 전달할까?

　집단 윤리인가, 개인 윤리인가? 보편적이고 영원한 윤리인가, 상황에 따른 일시적인 윤리인가? 최소한의 악의 논리인가, 이상적인 논리인가? 소유양식의 도덕인가, 존재양식의 도덕인가? 보호하는 연대인가, 다윈식의 자연도태인가? 경제 우위인가, 인간 혹은 사회 우위인가? '내가 할 수 있는 것을 나는 한다'의 양심인가, 야심적인 불만족인가?

　권력의 이러한 스타일들 중에서 선택하는 것은 단지 성향이나 기질에 관한 문제만은 아니다. 그것은 지도자가 모든 국민에게 본보기로서 제시하게 될 가치체계를 모두 포함하는 사회의 선택이다.

남성적인 권위인가, 아니면 여성적인 권위인가?

　그러나 중요한 것은, 지배하는 자의 남성이냐 여성이냐 하는 생물학적인 성이 아니다……. 무엇보다도 중요한 것은 그 혹은 그녀가 적용시키는 경영과 작동의 모델들과 사상들의 '문화적 성'이다.

　우리가 이른바 '남성적인' 가치들에 의해, 혹은 '여성적인'

표준들에 의해 지배되고 지도되는 사회학에 대해 말할 수 있는 것과 마찬가지로 우리는 전통적으로 '남성적인' 정신성, 혹은 반대로 '여성적인' 정신성에 영감을 받는 국가나 한 기업의 경영전략도 구분할 수 있다.

우리는 철학과 권력의 실행 속에서 본질적으로 대립되는 두 가지 동향을 구분할 수 있다. (다시 한 번 말하지만, 이는 생물학적으로 결정된 구분에서가 아니라 사회문화적인 전통 속에서 구분할 수 있는 것이다.)

남성적인 문화는 법규, 결정과 그 적용을 위한 권위의 근거를 힘에다 둔다. 그들의 목적에 곧장 적용하는 물질적이고 육체적인, 경제적인 혹은 군사적인 힘, 기술적인 수단들, 이성적이고 논증적인 명령…… 이는 가장 큰 자의, 가장 부유한 자의, 가장 강한 자의 법이다. 남성적인 권력은 권투 시합에서 행해지는 힘이다.

권위의 이른바 여성적인 관념은 영향력이라는 말로 더 많이 표현된다. 심리적인 힘, 상상의 환기, 감정적인 역학을 사용하는 간접적인 영향력과 수단으로. 이는 외부 지배보다는 오히려 내부적으로 깊이 느껴지는 필요에 대한 법이다. "여성적인 권력은 무술과 비슷하다." 부조화를 최소한으로 줄이는 결과를 얻기 위해 주위와 적수의 역동적인 힘을 사용한다.

아주 옛날에는

1630년 리슐리외는 '합리적인 결정권에서의 남성적인 미덕'을 발휘할 필요성을 왕에게 써보냈다.

1945년 미셸 드브레(1958년 총리가 됨)는 국립행정학교(ENA)

창립 입법 제기문에서 다음과 같이 썼다. "타고난 지도력과 중요한 일들을 처리하는 역량은 일반적으로 여성적인 자질에서 찾을 수 있는 요소들이 아니다."

앞의 인용에서와 같이 암암리에 탁월함의 증거로서 합리성·객관성·논리와 적합성·결정의 권위는 본래 당연하게 여겨진 '남성적인' 가치들이었고, 그 규칙에서 예외적인 여성들이 지배하기 위해서는 조종자들이 되든지 명예상의 남성들이 되든지 해야 했다.

게다가 우리는 여전히 한 여성 결정권자 앞에서 진심으로 다음과 같이 감탄하는 것을 들을 수 있다. 최고의 찬사로 "그녀는 대범하다"가 아니면 "그녀는 남자처럼 행동한다!"라고 말한다.

3백 년이라는 긴 시간이 흘러도 그 논리는 여전히 동일하다. 즉 공적인 권위를 갖는 사람은, 권력의 정신적인 합법성을 구현하는 사제이자 역경에 직면할 능력이 있는 전사이면서 동시에 정복하여 새로운 거주지를 식민지로 만드는 정복자로서의 역할, 게다가 경제의 복잡한 기구들을 분해할 능력이 있는 엔지니어, 국가의 복잡한 기구들을 조직하는 행정관리, 질서를 유지시킬 줄 아는 총책임자로서의 의무가 있다.

유대-그리스도 절충교의 사회인 서양은 역사적으로 남성들, 혹은 남성의 옷을 입힌 몇몇 여성들에게만 모든 '자격'과 능력을 인정해 왔고, 그 일부 여성들의 군대 참여는 극단적이고 절망적인 상황들에 대한 표명일 뿐이었다.(성녀 블랑딘, 잔 다르크, 잔 아셰트)

그리 멀지 않은 과거에는

여성들이 투표권을 획득한 것은 그리 오래 되지 않았다. 그러나 그것은 다만 권력의 '남성적인' 모델을 대표하는 리더들 중에서 선택하기 위한 것이었다.

'여성적인' 가치들은 전혀 정치계에 침투하지 못했다.

국가기구 안에서 생물학적인 성 양쪽의 기관원이나 당선자들의 비율을 넘어서 정치권력의 남성적인 본질이 아직도 남아 있기 때문이다.

게다가 영국의 대처 수상이 그랬던 것처럼 예외적인 한 여성이 지속적으로 권력을 잡을 경우, 그녀의 정적들과 마찬가지로 그녀를 미화하는 전기작가들 역시 치마를 입은 그 지도자의 근본적으로 남성적인 특성에 대해 안심하기 위한 것처럼 '주요직을 맡은 정치가'의 자질들, 그녀의 힘, 그녀의 거침없는 대범함, 강경 일변도의 태도, 그녀의 중성적인 모습, 여성다움의 부재를 늘 부각시킨다.

더구나 프랑스 조스팽 내각의 세 명의 여성 장관들이, 사람들이 여성 장관을 뜻하는 말로 이제부터는 'madame la Ministre'(ministre는 장관을 뜻하는 명사로, 원래 남성형으로 되어 있으므로 여기에 여성형 관사 la를 붙임)라고 불러 주도록 강경히 요구할 때까지는 'madame le Ministre'라고 호칭했다.

이 호칭 문제는 영어권 국가에서는 발생하지 않는다. 영어에서 직무는 성이 구분되어 있지 않고 중성에 속하여 어원학적인 의미만을 전하기 때문이다.

오늘날에는

권위의 모든 형태가 위기에 처해 있고, 권력에 대한 남성적인 상징들과 전통적인 가치들에 의거하는 형태들은 더욱 큰 위기를 맞고 있다.

* 이데올로기의 위기——전통적으로 남성들에 의해 작성된 정치철학으로 개념화된 이데올로기의 위기. 정치적인 권위는 정신적인 합법성을 잃었다.
* 지성의 위기——테크노크라트들은 사회에서 필요한 변화들을 예견할 줄도 설명할 줄도 몰랐다.
* 전문적인 노하우의 위기——"일이 잘 되지 않는 것은 그들이 더 이상 무엇을 해야 할지를 알지 못하기 때문이다"라는 사실을 그 결과 확인할 수 있다.
* 상상력의 위기——정치계급이 문화의 변화를 성공적으로 이끌기 위한 미래에 대한 모든 청사진과 새로운 모델을 갖고 있지 않은 것으로 드러나면서 생긴 위기.
* 존엄성의 위기——물론 '위에서 든 위기들'로 인해 악화되었다.

이 모든 위기들은 지도자의 신뢰성을 세우는, 전통적으로 남성적인 가치들에 특히 충격을 가한다.

따라서 '비권위적 스타일'이 90년대에 들어 보다 높은 정치 수준에서 전개되었다.

이 스타일은 권력 행사의 새로운 모델을 찾기 위한 소극적인 시도이자 지도자들의 방향 상실을 불러 온다.

이 스타일은 권위에 대한 인식을 인기로 대체한다……. 그러나 그 인기는 여론조사라는 측면에서는 무난하지만 적극적인 열정이나 에너지는 거의 불러일으키지 못한다.

여기에서 지도자의 합법성은 그 원리가 '침묵은 동의의 표시'라는 결여에 의한 합의 위에 세워진다……. 그러나 조심스럽게 통치하며 논쟁을 불러일으킬 여지가 있는 계획은 어느 것도 제시하지 않는 연속되는 의무를 갖고 있다……. 따라서 이 생기 없는 합의는 가장 사소한 불안이라도 터뜨리게 할 수 있는, 결정되지 않은 거품처럼 의미가 비어 있다.

그러므로 결정권자는 **지배의 인상주의**에 의해 행동한다. 불안하게 할까 두려워하는 신중함으로 거의 은밀하게, 조금씩 신중하게 지각되지 않는 작은 터치로 행동하면서……. 그러나 구성원의 노력이나 동원을 요구하는 것은 거의 불가능하다.

필연적 귀결로 그는 이 무언의, 그러나 최소한의 대항세력에도 뒤로 물러날 준비가 되어 있는 이 합의의 안전지대에서 소란 없이 **시도-실패**로 인한 경험만으로써 앞으로 나아간다. 사회라는 연못의 수면을 교란하지 않으려는 근심으로 인해 …… 그러나 우유부단하고 나약한 성격이라는 이미지가 갖는 위험이 따른다.

그는 창조적인 선행 협의에 의해서보다는 경험에 입각한 **참고**로 이의에 대처한다.

일상의 실용적인 통치를 성찰하는 지도자는 파격적이지 않은 개혁과 근면한 온건성이라는 이미지로 안심시킨다……. 그러나 그는 변화에 관한 논쟁의 위험을 피함으로써 위대한 지도자에게서 예견되는 구원의 역할을 포기한다. 사회에 대한 청사진을 가지고 있지 않은 그 지도자는, 더 이상 진보의 리더로 보여지는 것이 아니라 전환기에 일상 업무를 맡고 있는 행정관으로 보인다.

이러한 정치적인 책임의 실행 원칙들은 남성적인 권력의 전통적인 고정관념을 분명히 벗어난 것이다. 사람들은 권위주의, 완고한 비타협성, 힘의 과시, 갈등적인 논쟁, 정복욕, 단언과 단호한 약속, 전체적으로 설명적인 이데올로기를 버렸다…….

그러나 그것은 여성적인 가치들을 전개시켜 줄 권력에 대한 새로운 모델에 진정으로 다가가지는 못했다. 오히려 품위가 떨어진 남성적인 권위처럼 보인다.

사회적인 논쟁이 부재하는 무관심의 시대에 시민들이 쿠에 요법("나는 매일, 그리고 모든 면에서 점점 더 좋아지고 있다"라는 문장을 자주 반복하도록 하는 심리치료법)을 즐길 때면, 비권위적인 리더는 사회를 불안케 하지 않는 그의 기질로 인해 인기를 얻는다…….

그러나 어떤 변증법이 자생되고 장기간에 걸친 선택이 절실히 요구되는 그 순간부터 이같은 기다림의 모델은 동원력에서 가치가 많이 떨어진다. 그러므로 이 모델은 전통적인 남성적인 가치들을 참조하는 동시에 보다 여성적인 것이 될 권위의 잠재적인 새로운 규범에 비해서 지도자가 없는 것처럼 보인다.

프랑스는 1996년의 대통령 선거 때에 그 사실을 확인할 수 있었다. 놀라운 속도로 빠르게 순항하던 발라뒤르의 '비권위주의적인' 이미지는 시라크의 저돌적인 이미지와 조스팽의 경청하는 이미지 앞에서 그 가치가 급격히 떨어졌다.

비권위적인 비마치즘은 불안한 사회를 안심시키기에는 역부족이다……. 그러나 권위주의적이고 통제적인 의지주의는 더더욱 충분치 않다.

96-97년간 쥐페 총리를 통해 접하게 된 이미지는 다음과 같은 문제점들을 드러냈다. 불쾌할 정도로 인기가 없음은 차치하고라도

대중의 기대에 대한 사회심리학적인 불충분함으로 인한 무능력한 동원력이 문제였다.

이어 1997년의 국회의원 선거에서는 가치들의 교체를 구체화하는 지도자 스타일들의 대립이 개략적으로 그려졌다. 알랭 쥐페가 구현한 완고한 의지주의, 정면 돌파, 엄격한 신념, 차가운 합리주의, 위계적인 권위주의의 '남성적인' 가치에 맞서서 리오넬 조스팽은 펼치는 담론이나 태도에서 보다 '여성적인,' 리더십의 다른 특성들을 구체화시켰다. 그는 경청하고 친밀하고 겸손하면서 숙연한 동정어린 태도로 대화를 나누었다……

그런 식으로 정치에서뿐만 아니라 기업에서도 지도자의 '마초'라는 전형을 단절시키면서 사회의 권위에 대한 새로운 프로필이 그려진다.

미래에는

따라서 정치 리더십의 새로운 모델은, 이미 전통적으로 남성적인 '지배자의 상'을 동요시켰던 '여성적인 가치의 선택'을 향한 사회학적인 발전에 초점을 맞추고 있다.

'남성적인' 호전적 권위로부터 결합이라는 보다 '여성적인' 권위로.

우리는 당선자에게 공격적인, 너그럽지 못하고 논쟁적인, 완고하게 대립하는 재능을 요구하기보다는 자제심, 갈등의 상황들을 조화시키려는 의지, 그리고 무엇보다도 '경청과 대화를 토대로 종합'할 수 있는 능력을 요구할 것이다. 다양한 관점들을 이해하고 중재하는 권위의 영향력은 반대자들을 규합하는 능력에서 생겨난다. (이는 분명 현재의 '비권위적' 모델 속에서 가장 일반적인 미온적 중용을 넘어서는 것이다.)

사회라는 몸을 그저 수술 대상으로 보는 '외과의'의 냉정함으로부터…… 연민으로, 사람들의 곁에서 감정을 가질 수 있는 능력으로.

고독한 결정권자에서…… 적극적인 합의로.

우리는 지도자에게 자신감에 차서 비전을 가지고 행동하기를, 고독한 결정권자가 되기를 요구하지 않을 것이다……. 그보다는 '집단의 열망들을 규합하고, 건설적이고 적극적인 합의를 이끌어 낼 줄 아는' 사람이기를 원할 것이다. (최근의 정치사회학이 부재하는 무기력한 합의를 넘어서.)

권위적인 권력에서…… 결정의 선도 역할을 하는 권력으로.

우리는 비타협적인 독재주의를 더 이상 너그러이 봐주지 않을 것이다……. 에너지를 수렴하는 촉매 역할을 하며(현대의 비권위와는 달리), 역동적인 합의를 통해 사회집단에 동원의 의무를 부과하는, 경청할 줄 알면서도 의지주의적인 리더를 기다리면서.

전문주의의, 전문가에 의한 감정의 권위에서…… 청사진을 가진 권위로.

우리는 더 이상 분석적이고 비상한 머리를 가진 테크노크라트와 같은 정치지도자나, 국가기구들에 대해 경험이 있는 기술자들을 신뢰하지 않는다…… 지도자는 신념이나 믿음이 아니라(관리에 관한 테크노크라트들과 정반대 지점에서), 관용의 정신을 가지고 '사회철학'·'윤리'·'이데올로기'·'하나의 청사진'을 구현시킬 줄 아는 사람이어야 한다.

거시경제학의 합법성에서······ 미시사회학적인 권위로.
우리는 이제 궁궐의 상아탑에 갇힌 채 여론조사나 수적인 지표로만 경험하며, 현실과는 단절된 '상류층의 안정'을 대변하는 엘리트 출신의 지도자는 존경하지 않을 것이다······. 그리고 그에게 보통 시민의 일상적인 삶으로부터 '일상에서의 대중의 소리'를 보다 많이 들을 것(민중주의의 우민정치의 위험을 무릅쓰고)과, 또한 역동적인 합의를 만들어 내도록 요구할 것이다.

남성적인 문화가 누군가에게 위계제도상에서만 사회적 지위와 결정에 대한 권리를 부여하는 반면, 선택의 상태에 있는 '여성적인' 논리는 누군가에게 그 결과가 집단의 균형을 이루게 하는 결정에 대한 유용하고 필요한 기능적인 역할을 인식하도록 한다······.
여기에서 말하는 지도자란, 그 생물학적인 성이 여성이건 남성이건 문화적으로 이른바 여성적인 것이라 말해지는 가치들을 소유한 자로서 진정한 지도자요, 한 기업의 사장이요, 리더이자 결정권자이다.
합의와 너그러운 방종, 경청과 우유부단한 판단, 유연한 구조와 자유방임, 준비과정의 인내와 형세 관망주의, 협의와 회피, 감정적인 카리스마와 감상주의를 혼동하는 오류가 있을 수 있다.
사회문화적인 발전은 '여성적인 가치들의 선택'의 가치들 속에서 믿을 수 있고, 관용주의도 아니고 무위도 아닌 새로운 힘을 발견할 수 있다.

　리더십에 대한 이 새로운 유형은 안정적이면서도 강한 인상을 주는 힘을 구현할 것이다. 강제권의 힘이기보다는 오히려 동원의 힘이며, 틀짜기의 힘이라기보다는 오히려 활기의 힘이며, 단지 물질적인 힘이기보다는 심리적인, 사회적일 뿐 아니라 정신적인 힘이다.

여성적 가치들의 선택에 따른 권력 행사를 위한 사상들.
* 감정적인 방식으로 교류하면서 보다 카리스마적이고 따뜻한 프로필들을 향하여 고위지도자들의 모집 방침을 세우기.
* 이 '지도자들'의 일정표의 20%를 현장에서 일반 대중과의 현실적인 대화나누기에 부여하기.
* '사전에' 체계적인 협의를 마련하기……. 그 다음으로는 회피하지 않고 설명할 준비가 되어 있는 적법한 것으로 인정받은 권위를 행사하기.
* '다원론의 자문 포럼들'이라는 형식으로 지도자들과의 직접적인 대화를 통해 새로운 **사회적 대화**를 영구적으로 활성화시키기……. 제도적인 협상들의 힘의 관계들과 여론조사의 전형들을 대체시키기 위하여.
* 각 관공서 혹은 공기관과 그 이용자들간에 경청과 방책의 역할을 하는, 설명적인 교육과 긴장을 풀어 주는 기능을 하는 새로운 조정자의 기능을 창설하기.

ㄹ
기업 경영에서의 여성적 가치의 파급효과

분자식 편성 속에서 촉매 작용을 일으키는 경영

경영은 성을 소유한다…

정치사회적인 권력 행사가 저마다의 방법들의 선택 속에서, 자신의 언어와 상징 속에서, '남성적인' 가치냐 '여성적인' 가치냐에 따른 저마다의 목적들 속에서 전적으로 실행되는 것처럼, 사기업 혹은 공기업의 '사장'이라는 직책은 그것의 적용 영역이 어떻든간에 '남성적인' 전통 혹은 '여성적인' 권력의 모델이라는 권위의 모델 사이에서 경영 스타일의 이와 같은 선택을 피해 갈 수 없다.

우리 문명의 매우 오래 된 유산은 산업의 수장들에게서 군사적 권력으로부터 물려받은 모델들을 재현한다.

기업은 국가처럼 그 조직들을 통제하고 앞으로 나아가게 하기 위해 전사가 되어야 하는 군대들이다.

경쟁 상대는 적으로 인식되며, 시장은 정글이고 성공의 열쇠는 공격성이다. 다시 말하면, 그것은 일상 업무에서 '파괴적인 정신'에 대한 찬사이다.

목적과 성공의 기준들은 총매상고, 시장 점유율, 경쟁적인 순위, 이익 같은 양적인 지배력이다.

업무의 조종술은 전적으로 이성적인, 논리적인, 숫자와 계산으로 명확해진 특성으로 되어 있다.

생산성은 물질적인 조직 편성이나 인간의 모형화에 관한 문제일 뿐이다. (테일러식 공장의 합리화 관리법)

그리고 흔히 육체노동자는 힘의 관계만을 이해한다고 여겨진다.

이러한 기업 편성의 개념과 그것의 경영 모델은 우리 문명 속에서 남자들에게 빌려 준 가치들의 총체에 대한 표현일 뿐이다. 그것은 '남성적인' 경영 모델이다.

주요한 목적이 육체적인 힘을 기제로 삼은 양적인 생산일 때 이 모델은 사회와 기업을 만족시킨다.

그러나 오늘날 기업의 물질적인 생산은 자동화되었고, 합리적인 연구들은 정보화되었다. 게다가 세계화로 인한 급격한 사회 변동과 상호 교류의 개혁, 고객들의 요구에 직면하기 위해 기업의 유연한 적응성은 그들의 발전과 미래를 위한 전략적인 선택이 되었다. 그런데도 이 세기말의 욕구에, 그러한 기업들의 욕구에 그 목적이 여전히 적용될 수 있을까?

아주 옛날에는

많은 기업들, 혹은 기관들이 가부장적인 집단 문화와 종종 결연했던 '기업 문화'에 의거하여 성공해 왔다.

그 정상에는 모든 합법성과 모든 권력을 파생시키는 사장이자 은밀한 전략적인 사상을 혼자 보유하고 있는 사람이 있었다……

그는 정보의 결핍과 모든 주도권의 박탈로 인해 아무것도 모르는 개인 집행자들을 관리하기 위해, 권위의 단편들과 어느 정도의 정보들을 피라미드식 간부 배치 시스템에 양도한다. 내적인 정치는 늘 자기 비판적인 본질로 되어 있으며, 명령 모델은 대체로 독재주의적이다.

정보는 조합기구에 의하여 전달된 요구를 제외하고는 위에서 하부구조로 내려지는 방향을 따를 뿐이다……. 조합기구 자체도 동일한 엄격한 피라미드 구조에 따라 조직되고 구성된다.

장려된 가치들은 반응성과 상업적인 공격성, 그리고 성장 기회주의적인 추구의 가치들이다.

사회정치는 강경정책과 회유책을 번갈아 쓰는 온정적 간섭주의이다.

노하우나 전문가적인 능력 이외에 직원에게서 기대하는 특질들이라는 것은 힘·에너지·정력 등이다.

당연히 이런 기업들이나 가부장적인 조직들에서 이른바 여성적인 가치들은 거의 찾아볼 수 없었다.

여성 직원은 일반적으로 하급 업무를 맡도록 내몰렸다. 간부 배치에서 중책을 맡기 어렵기 때문이며, 여성들에겐 남성의 '자연적인' 권위와 꿋꿋함이라든가 용기가 결여되어 있다고 간주되는 탓에 중책으로의 진입이 여전히 막혀 있었기 때문이다. 게다가 예를 들어 설득에 의한 대화와 명령의 의미인 여성적인 가치는, 노동자나 남성적인 간부직으로는 비난받아 마땅한 약점으로 인식되었다…….

과거에는

70년대에는 기술과 직원 참여에 의한 경영으로 기업의 이 모델이 발전한다.

맥그리거('직원은 상부로부터 명령을 받을 필요가 있다'라는 전통적인 이론에 반기를 들고, 새로운 원리인 '잘만 조직되면 직원은 자연스럽게 일이 저절로 바르게 돌아가도록 만든다'를 주장), 혹은 '인해전술'(우선적으로 인적 자원을 토대로 삼은 전략들) 역시 성장을 가속화하는 전략이라고 선언한 모스 캔터 같은 사람들의 영향으로 직원 **참여에 의한 경영**이 나타났다.

이러한 방식에서 기업의 모든 개인들은 분명하게 정의되고, 더 잘 위임받고, 목적에 의해 할당받은 역할과 책임감을 갖게 된다. 따라서 이 조력자들은 주어진 역할을 얼마나 잘 수행하느냐의 기준에 따라 선별되는 것으로 여겨진다. 만일 이 기준에 충족된다면 개체의 성은 원칙적으로 크게 중요하지 않을 것이다.

기술적인 능력과 전투적인 에너지가 '기업 정신'이나 기업의 문화에 대한 충실성보다 중요한 승진의 기준들이 된다.

이러한 시스템에서 여성 직원들은 승진과 인정을 획득할 가능성을 보다 많이 갖는다……. 그러나 이는 개별 경쟁의 게임과 규칙과 가치들이 개인주의와 경쟁적인 공격성, 지배, 순수한 성과들의 힘, 기동성과 결과라는 '남성적인' 것으로 되어 있는 정글의 법칙 속으로 들어간다는 조건에서이다.

이런 시스템에서 성공했던 여성들은, 그들의 기능을 적용하여 여성적인 가치의 기업을 이끌 수 없었다. 그들은 직장에서 남성적인 가치들을 채택하여야 했다.

제2차 세계대전 이래 직업세계에서 여성들의 승진은 그들 자신의 순수한 가치들의 통합에 의해서 이루어진 것이 아니라 힘-공격성, 양적주의의 생산성과 늘 남성적인 경영세계 속에서 진급에 필수적인 개인주의라는 본래의 남성적이고 이성적인 가치들을 위해 여성적인 가치들을 포기함으로써 이루어졌다. 기업들은 진급 기준에 있어 여성적인 자질이라는 측면을 전혀 좋아하지 않았다. 보다 많은 수의 여성 직원들이 노동계에서 진급을 했지만, 권력을 잡은 것은 극히 적은 수의 여성들인데다 그들 자신의 개인적인 정체성의 성숙은 거의 찾아볼 수 없었다.

오늘날에는

경제적인 변화들, 국제적인 경쟁과 기업에서의 정보 사용의 일반화는 대다수 기업들의 운영에 대한 전통적인 원리들과 도식들을 뒤흔들어 놓고 있다.

그러나 그것은 늘 기술혁명과 세계화에 따른 경제적인 변화들에 대한 적응이 초창기에 체계화되는 동일한 논리에 의해서이다. 정리 해고, '기업 규모 축소,' '리엔지니어링'〔인원 감축, 권한 이양, 노동자의 재교육, 조직의 재편 등을 함축하는 말로 기업의 생산성 향상을 위한 경영기법〕이나 그밖의 다른 것들을 통해……

이 시기의 경영은 남성적인 사회의 전형적인 문화적 가치들에 따라 이루어진다.

사람들은 기업의 발전이나 구성원들의 미래보다는 조직의 건전한 금융상태에 특권을 부여한다.

사람들은 일차적인 기준으로서 이미지, 장기간에 대한 전략적인 거점, 혹은 집단에 봉사하느냐의 문제에 대한 것보다는 엄격히 양적주의적인 지표들을 취한다.

게다가 사람들은 개인주의의 동기 유발 원동력들, 즉 개인적인 이익이나 두려움 때문에 노동환경에 의한 합의상의 동원, 인간관계들, '기업 정신'을 소홀히 한다.

그러나 사람들은 오늘날 이러한 가치체계의 한계가 나타나는 것을 본다.

'사회적인 한계들'——노동자들에게서 압력의 두려움이 완화되자마자 더 이상 가족으로 인식되지 않는 기업의 생존은 개의치 않고 항거가 일어난다.

'정치적인 한계들'——'시민의 기업'이라는 개념은 이제부터는 기업들에게 기업들 자제의 궁극 목적, 이윤의 활용, 경영윤리관과 경영관리에 대해 질문하고 있다.

그밖의 '경제적인 한계들'——경영에 대한 '남성적인' 초합리성의 논리조차도 예를 들어 미국경영관리협회에 의해 비판받았다. 그 비판에 의하면, 1995년 1월에 제출된 보고서에서 지난 5년간 '인원 감축으로 경비를 삭감한' 3천 개의 기업들 중 3분의 1만이 기업 이익을 증대시켰다는 점이 드러났다.

이 보고서를 통해 우리는 세 가지 재미있는 결론을 이끌어낼 수 있었다.

첫번째 결론: 직원의 도덕성과 남아 있는 직원을 재동원하

는 데 있어서의 어려움에 관한 이러한 유형의 경영관리가 일으키는 황폐함. 이러한 파급효과는 조직화의 재출발에 중요한 문제일 수 있다. 게다가 그 결과 종종 '리드 타임'(생산력과 품질 경쟁까지의 시간)이라는 의미에서 손실을 얻는다.

두번째 결론: 귀찮은 존재가 아니라 필수적인 '인간 윤활제'로 인식되었던 중간급 간부와 관련되며, 이들은 정리 해고로 인해 가장 충격을 받는 계층이다. 사실상 오늘날은 젊은 고용인들에게 용기를 불어넣어 주거나 가장 야심적인 인재들을 팀별 공동작업에 동원하기가 어려워지고 있다.

마지막으로, 남성의 냉혹함으로 경영되는 기업들은 더 이상 고용인으로부터 충직함이나 애정을 기대할 수 없다.

경영관리의 새로운 모델들이 나타나고 있는데 그것의 운영 원리들은 한결같은 사상, 거친 계획화, 피라미드식의 서열구조, 경쟁적인 개인주의 등과 단절되어 있다.

'민첩한' 기업이라는 개념에 따라, 이러한 조직은 자신이 가장 잘 할 수 있는 것에 집중하고 즉각 반응할 수 있는 유연성을 위해 그 계통의 나머지 활동은 하청을 준다. 그 조직은 감정적으로 단결될 필요가 있는 시스템의 튼튼한 정신적인 유대로써 직접적인 혹은 병합된 직원들 상호간의 관계들을 발전시키고, 그것은 그 시스템이 점점 더 실현 가능한 것으로 되어가는 만큼 더욱 그러하다.(《조직들의 빅뱅》, Hervé Seriex, Cal-mann-Levy, 1993)

경영관리의 진정한 문화적 혁명이 다가온다.

설득이 힘에 의한 이행보다 더 중요해진다. 수행의 종합 평가라는 차가운 객관성보다는 애정적인 연루가 동원의 가장 좋은 원동력으로서 나타난다.

비타협적인 권위보다는 예민하고 간접적인 감화가 보다 효율적인 것으로 드러난다.

방법과 수단에 관한 계속적인 협의가 압력으로 인한 갈등적이고 때늦은 교섭보다 안정적이고 이롭다.

달리 표현하자면, 보다 여성적인 것이라고 말해지는 원리들과 실천들이 효율성과 수행이라는 관점에서 기업의 방침과 운영상에서 조심스럽게 하나의 선택을 제시하기 시작한다.

미래에는

여성적인 가치의 선택이라는 이러한 사회학적인 추세 덕분에 경영관리에 대한 이 새로운 모델이 전개되어, 아마도 기업의 에너지들을 더 잘 동원하기 위한 해결책들을 제공할 수 있을 것이다.

규모가 어떻든간에 미래의 기업들은 곧 금세기말의 필요한 사회 변화들에 충격을 받을 뿐 아니라, 마찬가지로 지난 시대의 경영관리 스타일에 실망한 직원들을 재동원해야 할 것이다.

경영관리를 위한 가치의 새로운 논리를 향하여

현재 경영관리의 '남성적인' 접근은, 현행 경제 정세와 중도에 선 사회학적인 미래 속에서 지성을 자극하지 않고("생각하지 말고 시키는 대로만 해라") 자발성도 유도("당신은 그런 일이나 하라고 여기에 있는 것이 아니다")하지 않는 불리한 점들을 나타내고 있다. 뿐만 아니라 오늘날 변화하는 경쟁사회 속에서, 그리고 직업적인 결정에서 점점 더 독자적이 되어가는 직원들과 함께, 게다가 고용주와의 관계에서까지도 변화해 나가는 한 기업에 필요한 유연성을 고무시키지도 않는다.

게다가 우리가 남성의 것이라고 보는 특질들, 육체적인 힘과 이성은 자동화 기계장치의 지능 발달로 인해 이제부터는 수용되지 않는다.

이와 같은 두 가지 이유로 인해 냉철한 합리성, 빈틈없는 객관성과 엄격한 논리는 불투명한 세계 속에서 기업 경영자들에게 점점 덜 본질적인 것이 되고 있다.

따라서 FORESEEN은 국가의 운영이나 기업에는 걸맞지 않아 지장을 주는 것으로 여겨져 이제까지 미개척지로 남아 있는 가치들을 위하여, 조직들의 경영관리에서 이른바 남성적인 것이라 불리는 가치들의 유용성과 중요성이 줄어들 것이라고 예측한다.

여성적인 가치들의 선택은 다음과 같은 점들을 촉진할 것이다.

* 독재적으로 계획하고 힘에 의해 시행하는 데 반대하는, 합의를 통한 동의를 끌어내기 위한 끈기 있는 설득.
* 서열구조의 권위보다는 애정적이고 쌍방간의 대화에 근거한 격려하는 영향력.
* 협상이나 분규에서 '전부 아니면 무'라는 융통성 없는 비타협성보다는 선택에 의한 타협의 오퍼레이션 리서치[과학적 또는 수학적 조사 연구에 의한 기업 계획].

* 변화방식과 정신성의 변화 속에서 경영관리의 감정적인 연루.
* 상호 직업관계의 엄격한 기능주의를 보완하는 '파트너들' 간의 비공식적인 신용으로부터 이루어지는 계약들. 이것은 경영관리의 전통적인 감정(鑑定: 계획화·조정·통제·지휘 등등의)의 변경을 내포하는 것이 아니라, 인간적인 방식으로 생각을 설명하고 감정을 표현하는 새로운 법칙을 내포하는 것이다.
* 결정권의 분점, 또는 최소한 당사자들의 사전 협의와 실행에의 적응 자유. 따라서 보너스나 승진이라는 재정적인 회유책 또는 해고라는 강경책의 실행보다는 책임과 동원의 원동력으로서의 종합 추구.

이런 생각들은 그 자체로는 완전히 새로운 것은 아니다. 그것은 이미 얼마 전부터 회의와 논쟁의 대상이었고, 아직도 제대로 실행되고 있지 않다……. 이러한 가치 전환 흐름의 진보적인 비약에서 잉태된 새로운 사회학적인 징후는 앞으로 몇 년 후면 그 전환된 가치들의 정착을 축하하고, 심지어 반순응주의자들을 더 적게 나오게 할 것이다……. 특히 점점 더 많은 남성 관리자들이 그것들을 실행할 때에는.

인간적인 규모의 새로운 조직을 향하여

오늘날 우리는 이미 노동자들의 동기 유발 장소가 이제는 더 이상 기업 자체가 아니라 작업팀이라는 사실을 알고 있다. 여성적 가치들의 선택이 이러한 현상을 더욱 가속화시키리라고 생각할 수 있다.

여성적 가치들의 선택에 의해 움직이는 기업은, 기능적이면서도 감정적인 역학에 따라 활기를 띠며 가정과 결연관계를 맺는다. 그룹의 실제적인 역학을 허용하는 인간적인 규모의 기업은 따라서 본질적인 요소가 된다. '직계참모조직'(staff & line)에 대한 가장 최근의 도식은 그것 역시 개인주의, 유동성과 공격적인 경쟁력과 같은 남성적인 가치들에 의거한다.

여성적인 가치들의 선택은 보다 '부족적인' 조직의 다른 모델을 장려하게 될 것이다. 그 모델의 생산과 동원의 단위는 간부 또는 사장을 둘러싸고 연대 책임을 지는 인간적인 개체가 될 것이고, 그 일차적인 역할은 촉매이자 동시에 목표, 집단의 노하우, 비교적 자율적인 일터에서의 생활양식, 부족적인 정체성인 기업 정신이 될 것이다.

이러한 추세는 기업의 분자적인 개념에 이른다. 그 기업의 상호 의존하는 목적들에 기능하는 노동 단위들은 보다 유연하고 적응성이 있는 조직망인 내부 네트워크를 형성하고, 기업의 문화와 윤리는 본질적인 연결구조 중의 하나가 된다.

최상의 생산성을 위하여 '가족 정신'으로 활기를 띤 노동 그룹의 집단적인 동원은, 절차들이나 방법들 그 자체보다도 더 중요한 일의적인 것이 될 터이다. 그러니까 절차들과 표준화되고 서열에 의해 강요된 방법들의 맹목적인 적용보다는 공동 작업, 모두에 의한 목표들의 통합, 감정적인 영향력과 애정에 의한 영감, 본보기와 활동적인 교육에 대한 의미가 강조되어야 할 것이다.

새로운 운영방식을 향하여

　　참여주의 경영관리는 여성적인 가치들의 선택으로의 방향 전환을 취할 줄 아는 기업이 되기 위한 첫걸음이다.

　　참여주의 경영관리는 대화와 합의 추구의 원리들을 도입한다. 또한 직원의 동원이나 동기 유발이라는 한계에서 약점을 인식했던 기업들에 보다 '여성적인' 가치체계에 따른 직업상의 인간적인 가치 회복을 도입한다. 그러나 이 관리법은 서열 구조의 피라미드식 구조나 '남성적인' 정신의 경영관리 모델의 유산인 조직들의 단일성은 재검토하지 않는다.

　　그 결과로 평균 여론이라는 법칙에 따른 **거시합의**에 대한 추구가 이루어진다. 사람들은 대다수에 의해 원만하게 수렴되는 공통분모를 추구한다. 이 '무기력한 합의'는 어떤 사회적인 평화는 보장할 수 있을지 모르지만, 동원과 적용 노력에 대해 그다지 순조롭지 않은 마비상태 또한 일으킬 수 있다. 그것은 정체성이나 공유된 기업 문화에 대한 공동체 의식에 결연되기보다는 반추동물 무리들의 평화로운 지복에 결연된, 집단적인 공존을 보장하는 감정을 쉽게 만들어 낸다. 지도자는 그것에서 안락한 인기를 누릴 수는 있지만, 인기는 그를 촉매자가 아닌 보호자로 변형시키므로 종종 기만적이다.

　　여성적인 가치의 선택에 따른 국가나 도시 또는 기업 등의 인간 공동체의 경영은, 반대로 분자식의 지방분권화된 조직 속에 **미시합의의 총체**를 야기하려 한다. 기관의 분과나 부서 혹은 노동의 단위들에 의한 가장 낮은 단계에서, 여성적인 가치들은 구조 속에서 직업 생활방식과 감수성의 다양성을 인정하고, 그들의 그 다음에 오는 에너지들을 잘 배치하기 위하여 우선 그 에너지들을 촉진시켜 풍부함을 끌어내는 유형의 경영관리를 촉진하게 될 것이다.

경영관리의 '남성적인' 문화 속에서 독재 경영에 의해 직원에게 일방적으로 가해진 변화는 의지주의적이다. 그것은 종종 적응의 어려움이나 신기술, 혹은 새로운 노동방법에의 잠재적인 저항으로 인해 낭비되는 시간을 줄이기 위한 변화의 신속성을 위해서이다.

여성적인 가치의 선택에 따른 조직의 조종술은 오히려 '혁신적인 성숙'에 근거한다. 이는 내부로부터 노동자들 자신들을 발전시키는 데에 있다. 그럼으로써 그들이 자신들의 직업 생활방식을 발달시키고, 종국엔 노동 그 자체를 발달시키기 위함이다……. 성숙한 아이처럼 인간 단위의 내부로부터만 스스로 관리되는 거의 생물학적인 변화의 메커니즘……. '여성적인' 논리에 의하면, 생물학적인 유추는 우리가 직원들 속에서 가장 동원 가능성 높은 해결책이 무르익을 때까지 계획의 경영시대에 '낭비할 것을' 받아들이는 시간, 즉 우리가 생산의 실제적인 실행의 신속성으로 그 다음에 다시 벌어들일 것을 기대하는 시간 속에서 구체화된다.

내부 커뮤니케이션에 관한 여성적인 가치 선택의 영향

내부 커뮤니케이션은 오늘날 경영관리의 확장으로 간주된다. 커뮤니케이션이 방침에 관한 전략적이고 전술적인 목표들에 달려 있기 때문이다.

오늘날 이 커뮤니케이션은 오로지 '객관적인' 확실함(오로지 '사실적인 것'으로 특성이 이루어질 수 있는 것에 토대를 둔 확실함들)에 기반을 둔 독재적인 관점을 옹호한다. 이 관점은 선험적으로 그것에 동의하지 않는 모든 이들을 배제한다. 직원의 에너지를 수렴하기 위하여 커뮤니케이션은 다의의 의사 표현(여러 의미로 풍부한, 미세한 차이가 있는, 독선이 아닌)으로 변화되어야 할 것이다. 그 속에서 각자는 모든 갈망에 대한 대변자를 얻을 것이다.

전통적으로 사용된 세 가지 의사 표현에 대한 언어적 특색.
1. '객관적인 사실'에 근거한 합리성과 정보 전달의 기능을 갖는 '기능적인 언어적 특색.' 항거할 수 없는 논리는 선택의 여지를 전혀 남겨두지 않는다. 이러한 커뮤니케이션은 명령적인 논리에 의한 남성적인 정신의 소산이다.
2. 극단으로 치닫는 단순화에 대한 우려인 '교육적인 언어적 특색.' 그것은 복잡성에 대한 두려움으로 메시지를 빈약하게 만들고 더 이상 미세한 차이에의 여지를 남겨두지 않는다. 그것은 마찬가지로 조건반사를 추구하는 남성적인 본질의 커뮤니케이션이다.
3. '이데올로기적인 언어적 특색.' 사람들은 그 어떠한 개별적인 해석의 여지를 남겨두지 않는 엄격한 메시지를 전달한다. 이 또한 독단적인 남성 문화에서 온 커뮤니케이션이다.
커뮤니케이션에 대한 이러한 세 가지 언어적 특색은 기업에게는 갈수록 더 비효율적이다. 급속한 변화의 필요성, 예측 불가능성이나 시장의 비결정론에 직면하는 데에는 그 역량이 부족하기 때문이다.

여성적인 가치 선택의 논리 속에서 기업들은 보다 유연하고 반사적이며 진취적인 운영 원리를 적용해야 할 것이다.

미래의 민첩한 기업은 상반되는 상황과 문화 속에서 서로 다른 직원들의 에너지를 규합해야 할 것이다.

이러한 기업은 노벨상 수상자인 일리야 프리고지네의 다음과 같은 정의에 부응한다. "성공하는 기업은 열린 시스템으로 되어 있다. 기업이 변화할 때 기업은 늘 복잡해진다. 가장 복잡한 것이 기업이며, 기업은 가장 큰 엔트로피를 발생시킬 것이다. 그 기업은 발생된 엔트로피의 최고치, 에너지의 최고치를 배출해야 한다. 최고치의 에너지를 배출한 기업은 불안정해질 위험이 있고, 따라서 그 기업은 다시 편성되어야 한다."

미래에 내부 커뮤니케이션은 불분명하고 예측 불가능한 상황들에 맞서기 위한 차선책을 탐색하는 직원을 장려하는 '격려'라는 다른 언어적 특색을 적용시켜야 할 것이다.

그것은 '여성적인' 논리에 속하는 격려와 적응의 유연성에 의한 발전으로 이루어지는 커뮤니케이션의 언어적 특색이다.

균형에 대한 이 영구적인 회복은 지각들과 행위들의 다양성을 촉진하면서 복수체제의 커뮤니케이션이라는 새로운 언어적 특색을 거치게 될 것이다.

확실히 여성적인 가치들의 선택은, 기업이 관점들의 복수체제주의를 핸디캡으로서가 아니라 자본으로서 관리할 수 있도록 장려한다.

지도자의 새로운 프로필을 향하여: 결정권자로부터 촉매자로, 집결자로부터 활기를 주는 리더로.

오늘날 기업의 그 어느 총수도 전략적인 성찰과 결정의 신속성에 대한 불가항력적이며 상반되는 요구들, 생산의 질, 기술의 숙련, 고객들과 주주들의 만족을 동시에 감당할 수는 없다. 그는 위반하면 기능 정지라는 형벌을 받는다는 조건으로 대표로 임명되고, 책임과 권한 등 그 기업의 모든 단계에 대한 주도권을 갖도록 처해진 것이다. 게다가 종종 중간기구의 경영관리 없이 '감원을 통해' 경비를 삭감한 하나의 조직 속에서, 그는 '덜한 조건으로 보다 많이' 할 수 있도록 하는 노동 문화를 새로 만들어 내고 추진할 수밖에 없다.

그러나 기본적으로 근거가 없는 명령들과 독재적인 통제를 강조하는 '군대식의' 남성적 전통의 산물인 경영관리는, 주도권잡기나 책임감과 행위의 자율성을 자극하고 장려하기 위한 이 새로운 정세 속에서는 더 이상 효과적이지 않다. 유치한 직원은 성공이라는 것이 주로 그의 상급간부의 일이지 자신의 일이 아니라고 간주할 것이기 때문이다. "권위를 그에게? 그렇다면 주도권과 책임감도 그에게!"……그 다음엔 자신의 일이 아닌 경영 논리는 고려하지 않고 즉각적인 이윤의 재분배를 요구하기를 불사한다. 사람들은 경영논리에 대한 정의에 그를 참여시키지 않았으므로 그 일은 그와는 무관하기 때문이다.

그렇다면 어떤 스타일로 경영관리를 바꿀 것인가? 이른바 여성적인 가치들을 향한 사회문화적인 개혁이라는 그 논리에 의하면, '소유양식'의 권위는 '존재양식'의 권위보다는 효과적이지 못할 것이다.

따라서 기업 총수는 지상권을 가진 선장으로서 인식되기보다는, 그 자신에게로 결집되는 합의로부터 권력을 끌어내는 선출된 사람으로서 보여져야 한다. 힘을 사용해서 불도저식으로 밀어붙이는 것보다는 기업 안의 에너지들을 수렴하도록 유도하는 촉매제로서 기능해야 한다.

기업관리자의 새로운 프로필은 그렇게 떠오를 것이다.

공격성·논쟁자·독선자라는 특징들보다는 반대로 자제력, 신뢰를 불어넣는 능력과 갈등적인 상황들을 조화시키려는 의지 등이 주목을 받는 프로필이다.

개인적인 결정 혹은 비타협적인 권위보다는 프로 정신과 전문성으로부터 오는 권위, 뿐만 아니라 예민한 감화, 감정적인 연결, 설득으로 직원들을 감정적으로 움직이게 할 수 있는 능력이 있는 중개자이자 촉매자로서의 지배력.

여러 다양한 관점들을 이해하는 중재의 권위, 그것의 지배력은 반대자들을 연합하고 역동적인 합의를 생성하는 능력의 결과이다.

사람들이 '카리스마'라고 일컫는 이런 힘은, 지적이고 기술적인 것만큼 심리적이고 감정적이며 애정적인 것이어야 한다.

이 힘은 대화를 장려하고 미시합의를 추구하면서 독재적인 결정권자이기보다는 생산자, 조정자나 중재자를 넘어서 화학에서 기능하는 것처럼 촉매제로 적용될 것이다. 그러므로 관계에 있어서 유연하고 가변적인 이 가치들은 집단 속에서 '가족' 차원을 창출해 내는 본질적인 것이다.

30년 전부터 그랑제콜(대학 정도의 전문학교)이 배출해 왔던 냉정한 테크노크라트나 저돌적인 특공대원들과는 분명 거리가 먼 간부 혹은 사장의 프로필이 생겨난다.

이러한 힘은 심리적이고 감정적이며 애정적인 것이다.

여성들은 촉매 작용을 하는 이 새로운 간부 배치에서 분명 본질적인 역할을 할 수 있을 것이다……. 뿐만 아니라 이러한 가치들을 공유하게 될 남성들도 마찬가지이다. 여기에서 말하는 것은 성에 관한 것이기보다는 운영 원리에 관한 문제이기 때문이다.

여성적인 가치들의 선택에 따른 경영관리를 조장하기 위한 실행에 대한 몇 가지 생각들

* 테크노크라트보다는 오히려 선도자인 카리스마적이고 애정적인 사장의 프로필을 추구하기.
* **현장에서 활동하기.**
* 지도자들과 하부조직간의 상호 대화적인 교류를 통한 내부 상의의 포럼을 통한 활기를 촉진하기.
* 욕구불만에 대한 '탐지자와 제거인'이라는 서열구조 밖의 중재자들의 기능을 만들어 내기.
* **인간적인 관계**, 집단들의 활성화, 구두상의 커뮤니케이션에로의 간부 배치를 체계적으로 형성하기.
* 간부나 현장감독들의 **직무 내용 설명서**에 인간적인 특성들과 기대되는 관련된 특성들을 공리화하고, 근무 **평가표**에 하듯 모집 기준에도 그것들을 통합시키기.
* 직무 외의 인간 관계들, 파티 같은 모임들, 단체활동 등 기업의 인간관계들의 가치를 회복하기.
* 업무 보고, 사보 혹은 전자 우편과 시청각에 관해서조차 직접 구두로 하는 커뮤니케이션의 가치를 회복하기.
* 지도간부들의 인간관계 능률지수를 감정시키기. 직업적인

능력이나 IQ를 넘어 21세기에 요구되는 카리스마적인 리
더십에 본질적인 인간관계의 효율성과 자질들을 조장하는
감정지수(EQ)를 소유한 이들만을 취하기 위하여.

3

과학에 있어서의 여성적 가치의 파급효과

양적주의적이고 실험적인 합리성으로부터 종합의 직관으로

아주 옛날에는

우리 '과학적인' 사회의 상징적인 기본 원리들은, 우리 탐색자들의 진정한 신화 속 선조들인 남성적이고 적극적인 영웅들에게 근거를 두고 있다.

불카누스는 남신이다. 프로메테우스는 신에게서 불을 훔치고, 이카로스는 하늘을 날고…….

'남성'은 정신의 힘과 때로는 주먹의 힘으로 자연에서 그 비밀들을 강탈하면서 과학 정복에 다가간다.

반면 '여성'은 무지하고 몰지각하며, 객관적인 분석이라는 접근방식에는 몹시 서툴고, 지성을 만드는 결합관계들을 이해하지 못하며, 우주의 비밀을 탐색하는 기술들을 다루는 데에는 역량이 없는 존재로 상정되어 왔다…….

그러나 그 보상으로 여성은 유대-그리스도교적인 절충 종교들 속에서 자연과 자연발생적으로 조화를 이루고, 생존과 마음속 깊이 동위상에 있으며, 신비들과 감정적으로 일치를 이루고 사는 것으로 평판이 나 있다……. 그러면서도 신비들을 느낄 능력은 있지만 그것들을 간파하고 사로잡을 능력은 없는 것으로…….

우리의 문명은 역사적으로 여성의 역할을 그들의 지적인 능력보다는 사물에 대한 감정적인 관조의 곁에 위치시켰다.

게다가 여성이 행동할 때면 그것은 간교함과 교활함에 의해서이다. 크레타 섬의 미궁을 만든 것은 다이달로스이지만, 테세우스가 괴물 미노타우로스를 죽인 후에 다시 길을 찾을 수 있도록 해준 것은 아리아드네의 실이다. 〔그리스 신화에 나오는 일화로, 다이달로스는 건축과 공예의 명인이다. 테세우스가 그곳에 갇힌 미노타우로스를 죽이고 빠져 나갈 때, 미노스 왕의 딸 아리아드네가 그의 몸에 실을 묶어 출구를 찾을 수 있게 해주었다.〕……아리아드네의 꾀는 매우 효과적이다. 그 어떤 일반 법칙도 세우지 않는 일종의 '약삭빠른 처신술'로 비친다.

서양의 문화적인 전통 속에서 보다 오래 전의 유산에 의하면, 남성은 복잡한 사건의 얽힘을 이해하고 여성은 그 얽혀 있는 매듭을 푼다.

과거에는

지난 두 세기 이래 의지주의적이고 체계화된 과학적 사고 방식의 발달로, 이른바 여성적인 가치들은 더더욱 실험주의의 경험적 실증주의와는 반대되는 지점에 놓여 각축을 벌였다.

그러므로 산업사회에 의한 세계의 탐색과 개발이라는 거대한 역학 속에서 맡은 역할도 발언권도 없었다.

그리고 사회 테두리 밖으로의 이러한 소외는, 여성들은 물론이고 '여성적인' 차원을 수용하고 있었던 모든 남성들에게도 그 피해를 입혔다. 동성애자들뿐 아니라 시인들과 예술가들, 보다 최근에는 '문학계 사람들' 조차도.

여성들이 마침내 기술 그랑제콜에, 실험실에, 공장에 들어갈 권리를 획득했다. 그러나 그들은 분석적인 정신, 실험적인 엄격함, 양적주의적인 측정으로부터 만들어지는 남성적인 사상을 취하고는 직관, 전체적인 비전, 종합과 해석의 이른바 여성적인 자질들을 한켠으로 밀어두었다.

그리고 사람들은 여전히 여성적인 정신은 토목공학보다는 인문과학에 걸맞다고 생각한다…….

그 결과 하나의 과학적인 방법론이 생겼다.

따라서 계획과 과학적인 사고방식은 여전히 당연하게 남성적인 것으로 생각되는 가치들이나 자질들과 연관된 것으로 남아 있으며, 사람들은 그것들이 세계를 이해하고 거기에서 부를 일구어 내는 유일한 비결이라고 간주한다.

따라서 오늘날까지 '과학적인 방법론' 이라 불리는 것은, 모든 것을 표준화된 보편적인 법칙과 개념들로 일반화시키기를 원하는 '남성적인' 태도이다. 실험실의 추상 속에서 '경험을 혼란시킬' 수 있는 모든 것과는 거리를 두면서, 번식시킬 수 있는 양적주의의 측정들부터 시작하여 모든 것을 일반화시킨다.

여성적인 가치들의 선택은 '모든 사물의 척도는 인간' 임을 규정하는 원리에 따라 관찰자의 상호 대화를 받아들이면서 실험실이 아닌 삶 속에서, 시험관 안에서보다는 본래 장소에서의 세계 탐색이라는 다른 접근방식을 내세우게 될 것이다.

그 결과 과학적인 윤리가 생겼다.

호전적인 남성 사냥꾼은 위험 앞에서도 머뭇거리지 않는다고 여겨진다. 그러나 어떤 요행 없이는 중요한 것을 아무 것도 정복할 수 없다……. 따라서 '남성적인' 문화는 연구자들이 수습하지 못할 일을 벌여 놓는 것을 대단히 자유롭게 묵과한다. 핵과 생물공학이 그 현실의 예들이라 할 수 있다.

그리고 그 '남성 우월주의'의 가치체계에 대한 최근의 재검토와 함께 비로소 사람들은 윤리위원회들처럼 보호책들을 정립시킬 생각을 했다.

반대로 여성에 대해 사회는 어머니의 태도를 기대했다. 즉 삶·종(種)·자연·공동 유산 등을 보존하려는 근심. 산업사회가 오늘날까지도 어쩔 수 없이 다분히 '여성적인' 것으로 여겨지는 감상벽과 소심한 정신에 관해 전형적인 단점으로 간주하는 것.

과학계에의 여성들의 참여는 더 이상 전혀 문제가 되지 않는다. 그러나 문제가 되는 것은 지적인 원리들과 과학의 탐색과 발전에 대한 방법론적인 실천들이다. 이것들은 지식에 관한 남성적인 문화의 유산들이고 이미 위기에 처해 있다.

오늘날에는

우리는 이러한 남성적인 과학적 모델에 대한 논쟁의 시초를 목격하고 있다.

전폭적인 자원개발권에 대한 '생태학적인 이의제기.'

도덕의 감시체제 아래 놓인 정보과학과 유전공학의 적용들에 가져온 법률상의 제한들과 함께 '실험의 절대적인 권리에

대한 이의제기.'

실험적인 순수 이성론에 대한 이의제기. 우리는 더 이상 학자들을 만족시키지 않는 설명에 대한 욕구를 드러내면서 비합리적인, 마법적인, 신비적이고 비정상적인 흐름이 다시 강하게 밀려드는 것을 본다.

게다가 보다 근본적으로 반대자 없이 두 가지 가치를 갖는 것도, 애매모호함도 복잡함이나 역설도 없는 세계를 묘사하기 위해 '참/거짓'만을 양자택일하게 하는 불의 논리에 의해 지배되는 '과학적인 진실'관에 대한 이의제기.

그것은 서양 경제 발전 모델의 전적인 토대를 이루는 **영원한 진보관을 다시 문제삼는다는 신호이다**. 주위 환경은 정복해야 할 미개척지라는, 그 땅의 자원들은 모두 정복하는 자의 것이라는, 미래의 기술이 현기술의 폐해를 바로잡아 줄 것이라는 신념에서 나오는 모든 발전 논리.

오늘날의 문명의 위기를 이러한 발전 모델의 오류 탓으로 돌리려는 시도가 머지않아 새로운 과학적인 시각의 출현을 촉진시킬 것이다.

이러한 이론은 이상하게도 이른바 '여성적인' 가치들과 상관관계를 갖는 모델들에 대한 가정을 거친다. 따라서 우리는 이미 이른바 '지적인' 새로운 생산품들의 생성이라는, 가치의 전복을 겪는 새로운 사회적 요구들이라는 세계 속에서 이를 관찰할 수 있다.

미래에는

이른바 여성적인 가치들이 우리 사회 속에서 중요성을 획득하면서 새로운 진보 형식의 열쇠로서 필요 불가결하게 됨에 따라, 하나의 새로운 과학적 가치체계가 점진적으로 명백히 인식되고 있다.

19-20세기의 백인이 발견했을 지식과 그 적용들에 관한 영원하고 보편적인 단 하나의 과학적 접근만이 있을 수 있다는 고정관념과는 반대로, 그것은 그때까지 과학적이지 않다고 추정된 여성적인 정신에 부여했던 세계에 대한 접근과 이해에서 착상을 얻은 준비된 과학적 선택이다.

따라서 그것은 '코페르니쿠스식의 혁명'이 될 것이다: 가치의 전복.

* **이가**(二價; "모든 것은 단순화·축소할 수 있고, 반드시 흑 또는 백이어야 한다")로부터 여성적인 선택은 **다가**(多價; "모든 것은 복잡한 여러 측면을 포함하며, 경우에 따라서 그 측면들은 서로 이질적이다")의 법칙으로 이끌 것이다. 흑백 논리에 반대하여 우리는 '회색'을 선호한다.

* '0 아니면 1'이라는 이진법으로부터 0과 1 사이의 연속체로.

* 한정적인 정확함으로부터 보다 많은 가능성을 열어두는 부분으로.

* 예측할 수 있음(전문가들의 세계)으로부터 개연성(보다 겸손하지만 보다 효과적인)으로.

* 세계에 대한 선형적인 비전으로부터 **비선형** 비전으로.

* 반복에 호소하는 논문으로부터 직관과 감정이 그 동력의 역할을 해내는 연상적인 논문으로.

* 엘리트계급에게만 점유된 은밀한 지식으로부터 규모가 큰

미디어에서 상호 대화적인 접근에 의한 접근 가능성과 투명성으로.

* 거의 종교적인 우주 보편의 도그마로부터 증식, 유연성과 **진화적인 것**으로.
* 별개의 요소들로의 분할, 분류로부터 요소들간의 **연계로**.
* 이성에서 오는 확실함으로부터 직관이나 본능에서 오는 질서의 **개연성으로**.
* 하나의 의미를 만들어 내는 냉철한 분석으로부터 일차적인 해석만큼이나 관여적인 의미의 다양성을 여는 **체계적인 분석**을 향하여…….
* 전통적인 논리로부터 '**불분명한 논리**'로.
* 완고한 척도 시스템으로부터 이전에 도입된 척도들로부터 새로운 척도들을 창출해 내는 능력이 있는 **노련한 시스템**을 행하여…….
* 본래의 컴퓨터의 이진법 모델과 디지털화로부터 **순환 작용**을 하는 두뇌와 뉴런 세포망의 복잡한 모델로.

4

기술 마케팅에 관한 여성적 가치의
파급효과

지적 대상들과의 직관적인 상호 교류

가정에서와 마찬가지로 직장에서의 과학기술로 인한 일상적인 도구들의 발달은 특히 문화적이면서도 기능적인 대상들, 소비의 대상들에서의 여성적인 선택의 가치들의 구현에 유리한 분야를 제공한다.

그것은 이러한 사회문화적인 추세가 특히 앞서 나가고 있는 영역들 중의 하나이다. 그 영역에서 기술혁신이 삶의 양식과 정신성들을 이중으로 변형시키면서 사회학적인 혁신과 겹친다.

과거에는

프랑켄슈타인 박사의 대담함과 함께 남성적인 문명에 이끌린 과학적 모험에서 탄생한 로봇들처럼 기술로 만들어진 대상들은 대부분 위험한 것으로 간주되어 왔고, 특히 그 대상들의 대중적인 보급 초기에는 모든 사람이 그것들을 소유하지는 않더라도 그것들을 소유할 가능성과 그 허가의 한계에 있어서 그러했다.

익숙하지 않은 여성들과 아이들, 초보자들, 혹은 아마추어들, 시인들과 문학가들은 조심스럽게 거기에서 제외되었다. 그들을 위한다는 구실로…….

그리고 일부의 어떤 사람들은 마이크로 컴퓨터의 병렬처리할 수 있는 신비한 우주를 여전히 길을 잃을지도 모르는 복잡한 세계로 간주하고 주저하는 부분이 있다.

부분적으로는 훈련을 맡은 조련사만이 통제할 수 있는 로봇에 가치를 부여하는 그러한 신화를 유지하기 위하여, 또한 부분적으로는 한 마디로 새로운 사용자에게 적용시키는 것을 잊은 채 대다수를 고립시키며 매우 오랫동안 '실험복을 입고' 일반 대중의 시장에 선보였다.

마이크로-정보과학에서 IBM사가 추진한 DOS 운영 시스템은 조작과 최소관계의 인간공학, 추상적 개념, '이것은 학자들이나 실험실 연구원이나 가능한 힘겨운 작업을 할 수 있는 이들 전용의 복잡한 기구'라고 선언하는 독단적인 명령어들에서 요구되는 어려움을 거의 희화적으로 보여 주는 예이다…….

그러나 각 개인은 학위를 가진 전문가나 작동시킬 법한 VTR과 매뉴얼이 어지간한 포켓용 책 크기만한, 혹사당하고 스트레스받는 일상생활을 용이하게 해준다고 여겨지는 포켓용 전자 수첩들을 가지고 있다.

일상생활에서 쓰는 기술장비들의 복잡성과 그로 인한 사용의 불편함은 남성적인 과학 정신의 논리 속에서 엘리트주의와 특권의 기호들, 닫혀진 클럽 안으로 진입할 수 있는 관문이었다.

그리고 진보의 기술적 성과물들을 비과학적인 정신을 가진 사람들에게 맡겨야 할 때가 되자, 남성적인 과학은 반대로 완전히 규격화된 자동화에 이르기까지 최대한 단순화시켜 처리했다.

많은 가정용 기구들과 로봇들은 다음과 같은 관점에서 생각되어질 수 있다. '이 버튼을 누르기만 하면 됩니다. 애써 이해하려 들지 마시오…….'

남성 우월주의 사회가 그들에게는 너무 추상적이고 까다로운 지식이라고 판단해 그 지식에 대한 권력을 부여하기를 거절하는 것은, 그들에게 다소 과학적인 모든 것에 대한 숙련을 금지하는 또 다른 태도이다.

오늘날에는

필연적인 무거움과 강제적인 기술의 복잡성이라는 남성적인 전통 개념과의 근본적인 단절이 이미 이루어졌다.

그 단절은 언제나 실질적인 기술혁신의 배치로 특징지어진다. 그러나 가장 간단하고 자연스러운 조작 형태로 사용자가 자기 자신을 배에 올라탄 갑판장이나 그 기계의 자유로운 조종사인 것처럼 느끼게 해준다.

그러므로 진정한 혁명은 단지 기술적인 혁명이 아니다. 진정한 혁명은 로봇의 복잡성과 그것의 개발로 인한 들뜬 기분 사이의, 메뉴의 기능상의 풍부함과 그 용법의 단순함간의 대조에서 생기는 것이다. 따라서 그것은 바로 사람들이 이른바 지적이라고 말하는 대상들인 '똑똑한 대상들'과 '사용하기 쉬운 시스템'이라고 부르는 것이다.

마이크로 정보과학에서 상업적인 성공으로 영예에 오른 가장 훌륭한 예는 애플사의 마우스로, 이것은 전혀 컴퓨터 전문가가 아닌 사용자들과 그들이 사용하는 컴퓨터 장치와의 관계를 크게 혁신시켰다.

고전 컴퓨터의 추상적인 알파벳과 숫자를 결합한 리스트들에 대하여, 그것은 소프트웨어와 문서들의 직접적인 감각 지각의 출현을 가능케 했다. 그러한 소프트웨어와 문서들은 사무실 테이블처럼 배열된 화면 위에 '아이콘들'이 가리키는 작은 '가방들'이라는 형식으로 나타난다.

동시에 키보드의 여러 조합들을 사용하면서 고생스럽게 입력해서 난해한 코드로 된 단어들을 만들어 내는 조작술에 비하여, 애플사는 보다 구체적인 공간에서 보다 자연스럽게 항해할 수 있게 만들어 주는 '마우스'에 의한 몸짓 명령어를 구상했던 것이다.

어떤 산출물의 중간과정들을 연결시키려면 메모리 프로시저들을 학습해야 했던 것에 반하여, 우편물에 타이핑하는 것만큼이나 간단하면서도 숙련된 시스템의 프로그래밍만큼이나 복잡한…… 애플사의 마이크로 컴퓨터들은 그 초기 모델들부터 보이는 대로 따르기만 하면 작동 절차를 쉽게 찾을 수 있는 '위지윅'(WYZIWYG; What You See Is What You Get) 원리를 적용했다.

이러한 발전은 여성적인 선택의 가치들이라는 방향으로 나아가고 있다. 그러한 노력은 기계와 기구들에 대한 새로운 세대를 생성시키는 경향이 있다.

소형화되어 들고 다닐 수 있는 가벼움, 거리를 두고 움직이면서도 가능한 연결성, 보다 감각적인 지각, 몸짓이나 명확한 언어로 하는 보다 자연스러운 구두 명령어, 보다 평이한 조작, 보다 직관적이고 자연스러운 조작술, 작업 행위의 흐름에서의 상호 대화적이고 자연스러운 '작업중의' 학습 방향으로 나아가는 모든 것은 문화적으로 '여성적인' 가치들에게서 영감을 받은 공업기술의 방향으로 나아간다.

IBM사의 정보과학 세계가 윈도우 시스템으로 인간공학적인 유희라는 동일한 접근을 취해야만 했었다는 사실은, 이제는 이러한 혁명이 이루어졌다고 단언한다. 우리는 시대와 이 시장에 관한 문명을 변화시켰다. 게다가 가장 중요한 것은 어쩌면 순수하게 기술적인 놀라운 진보가 아니다. '남성적인' 기술과학 철학에 등을 돌렸던 마이크로-컴퓨터의 작은 세계의 가치 전복이다.

미래에는

운동은 이미 진행되었고, 여성적인 선택은 기술적으로 최첨단의 장비들 속에서 실현되었으며 상업적으로도 성공적이다. 이는 여성적인 가치들이 실현시킬 수 없는 공상적인 것도 아니고 퇴보적인 것도 아니라는 사실을 나타낸다.

그러한 혁신들의 연장은 이러한 추세를 강화시킬 것이다.

기구들 그 자체도 점점 더 변조되고 진보되고 다시 적응할 수 있는 것이 될 터이다.

자연스러운 언어와 실시간에 이루어지는 상호 대화적인 교류는 개성에 맞는 적용들과 적응성을 발달시킬 것이다. 인공적인 지성은 컴퓨터와 그 사용자간의 보다 자연스러운 대화를 가능케 할 것이다.

새로운 대중매체 기술은 사용에 관한 교육의 단순화와 인식의 대중화에 역점을 둘 것이다.

이 모든 진전들이 기계들의 사용에서 문화적으로 여성적인 개념들을 강화시키게 될 것이다. 실용주의, 단순화와 자연스러움, 자발성, 직관, 개성화와 친밀함…….

그리고 이 새로운 기술과학적인 정신은 그리 명성을 얻지 못한 다른 기구들에까지도 미칠 것이다. 그러한 기구들은 보다 유연하고 보다 '지적으로' 되면서 그때까지 갖지 못했던 사용상의 가변성을 획득하게 될 것이다.

미래에는 세탁기가 선별된 세탁물의 종류에 따라 직물의 유형과 더러움의 정도를 인식할 줄 알게 될 것이다. 센서들이 세탁물의 무게를 측정하는 마이크로 프로세서에 부피에 관한 정보를 줄 것이다. 조명이 세탁수의 탁함과 더러움의 정도를 판단하여 마이크로 프로세서에 세제의 용량 결정을 명령할 것이다.

작업상의 전망들

이러한 기술의 신장은 분명 강제적으로 그 습관들을 바꾸어야만 할 첫번째 것이다. 커뮤니케이션이나 논쟁에 관해서뿐만 아니라 매우 현실적인 것으로 나타나는, 무시할 수 없으면서도 상업적으로도 효과적인 '여성적인 가치들의 선택'에 적응하기 위한 생산물들 자체 속에서도 그렇다.

　기술적인 생활방식에 대한 이 근본적인 변화는, 점차적으로 자동차 산업 같은 산업의 다른 분야들에도 영향을 미칠 것이다. 유통과 미디어계, 접근과 방법론들이 인터넷에 의한 '온라인' 정보에 대한 참고기술들로 전복될 것으로 보이는 교육.

5

커뮤니케이션에 관한 여성적 가치의 파급효과

한결같은 여성적 모델과 불변의 남성적 모델로부터 구분된 외관 속에서의 가치들의 공유로

루이 14세 때 창간된 최초의 여성 신문인 《까비네 데 모드》의 삽화들 이래, 소비사회의 광고영화들까지 미디어들은 사회 속의 남성과 여성의 이미지를 형성해 왔다. 산문·그림·사진, 혹은 시청각 자료를 통해서……. 그것들은 우리 문화를 만드는 사회의 두 신분이라는 각각의 문화적 구성체를 동반했다.

이 두 모델에 관한, 그들의 가치들에 관한 재현은 사회문화적인 진보의 흐름에 따라 때로는 여성적 가치들에 의한 남성적 가치들의 연마로, 때로는 그 반대로 남성적 가치들에 의한 여성적 가치들의 역동화의 연마가 되는 진보를 알리기 위해, 때로는 다른 것을 이용하면서 하나를 변화시켰다.

역사와 예술은 호전적인 남성적 가치들에 대한 이미지를 순화시키고 있는 여성적 가치들의 선택의 은밀한 침입들을 우리에게 묘사하고 지적해 준다. 그 이미지들은 '여성적인 태도와 복장으로 꾸며진' 앙리 3세의 총신들의 형상을 통해서도 나타난다. 우리는 그들이 가공할 병사들이었다는 사실과, 혹은 루이 15세 치하의 분칠을 하고 가발을 쓴 멋쟁이들을 종종 잊곤 한다.

페미니즘이 대두되었던 금세기 초엽에 이 여성 선구자들의 모델들이 무엇보다도 사진술 덕분에 재현되었으리라는 사실은 신문을 통해서도 잘 알 수 있는 일이다. 이러한 재현은 여성적 가치들에 대한 절대적이고 범할 수 없는 기준들로 생각되는, 좋은 어머니나 우아한 부르주아 같은 여성 모델의 고전적인 재현들과 급격한 단절을 이루게 될 표현들과 사진들의 선택부터 '여성 참정권론자'들의 연출로 형성된 것이다. 공격적인 여성들로 희화된 그녀들은, 남성적인 가치들을 여성들 자신의 고유한 정체성을 희생함으로써 왜곡시키는 것처럼 재현되었을 것이다.

그 모델이 페미니즘의 이미지를 만들게 된다. 마찬가지로 같은 시대에 여성 해방은 위대한 코코 샤넬이 이끈 새로운 재현을 필두로 표명되기 시작한다. 매력을 과시하기 위한 신성불가침의 기준으로 간주되었던 의복 굴레라는 속박(발을 천으로 동여맸던 중국 여성들에 대한 서양식의 상징적 표현인)에서 해방된 여성의 모델을 창조하면서, 코코 샤넬은 금세기 초의 여성들 삶의 진보에 훨씬 적합한 가치들의 사회 속에서 세정을 촉진하게 될 자유롭고 매혹적인 여성상의 새로운 선택을 제시한다.

여전히 겉치레의 해방일 뿐인 이러한 해방은 남성적인 세계에서 강한 상징적인 태도들의 차용으로 행해진다. 사실상 두 대전 사이의 여성에 관한 새로운 상은, 코코 샤넬이 연이어 바뀐 자신의 연인들에게서 차용한 모방대로 형성되었기 때문이다.

코코 샤넬은 새로운 연애를 할 때마다 스스로 여성 해방의 상징이라고 생각되는 것을 연인에게서 차용해 발표하였다.

사교계 신사이자 군인인 애인에게서는 승마복의 저지 직물을 차용하여, 몸을 상하게 하는 코르셋과 겹겹으로 된 거북한 페티코트로부터 몸을 해방시키는 바지와 블라우스를 창작해 냈다.

영국인 연인에게서는 트위드 직물을 차용하여, 여성의 사회적 성공에 대한 상징의 모델들인 자신의 투피스들을 실현시켰다.

러시아 장군인 연인에게서는 군복 정장의 장식들과 화려한 장식끈들 같은 권력과 남성적인 힘에 대한 상징적인 속성들을 차용하여 여성복의 액세서리를 개혁시켰다.

마지막으로 그녀가 사랑했던 유일한 남자는 그녀에게 머리를 자를 것을 조언하였다. 이것이 코코 샤넬이 두 대전 사이에 구현했던 소년 같은 복장의 마지막을 장식하였다.

같은 시대에 그리고 20세기의 전반기에 남성의 이미지는 늘 힘, 권력과 권위를 가진 호전적인 가치들로 표현되었다. 그 가치들은 기술 향상 덕분에 사회 영역을 조직하였고, 이러한 가치들에 속도와 기술 실행에 대한 숭배를 덧붙였으며, 이러한 숭배는 남성적인 영역에 대한 새로운 기준들이 되었다. 우리는 폴 모랑이나 발레리·라르보의 시에서 동일한 것을 재발견할 수 있다.

그 가치들은 최고의 상징인 자동차나 담배와 같이, 그 가치들을 지니고 있는 상품들의 소비의 발달과 전쟁의 필요성으로 한층 강화되었다.

　광고의 대량 사용이 남성들과 여성들의 광고 이미지를 통하여 남성적인 가치들과 여성적인 가치들을 표현한 것은 제2차 세계대전 직후였다.
　이 시대에 광고 속에서의 역할 분배는 매우 분명했다. 모든 가정용 생산품들을 위한 실내의 것들은 여성(살림·요리·아이돌보기)에게 속하고, 사회적인 영역에서 의미 있는 모든 생산품들을 위한 옥외의 것들은 남성(차·돈·외출과 여가활동)에게 속했다.
　남성에게는 정복하고 매혹하는 주체라는 사회적 지위가, 여성에게는 모든 개인용 생산품을 위한 매혹적인 대상이라는 사회적 지위가 주어진다.
　힘·권력·권위·정복으로 된 남성적인 가치들은 속도, CX(공기 주파 요소)와 발전된 마력 수치라는 의미에서 자동차 광고에서 그 절정을 이룬다. 자동차 회사들이 성능을 가지고 서로 겨루는데, 여성과 아이들은 모델들의 재현 영역에서 제외된다. 그렇지 않으면 광고에서 보여지는 여성의 역할은, 자동차의 형태와 여성의 생김새를 동등하게 다루는 가장 순수한 남성 우월적인 모델에 관한 미학에 가치를 두기 위해서이다.

　광고가 사회문화적인 진보들을 선도하려는 사명을 갖지 않았기 때문에, 그것의 진보는 사회현상으로 나타난 여성과 남성들의 새로운 프로필을 보다 정확하게 반영하기 위하여 단계적으로 실행되었다.

물리넥스는 그런 식으로 가정의 완벽한 어머니의 재현으로서 회사의 이미지와 명성을 확립한 후에, 실제 목표 대상과 차이가 나자 다시 위치를 정립하여 80년대 여성들의 새로운 열망들을 표현해야만 했다. '본질 감각' 캠페인과 함께 그것은 소비와 표현된 가사활동에 대한 관계의 여성적 가치에 대한 완전히 새로운 철학이다. 동시에 그것은 가사활동에서의 다른 역할 분배에 대해, 단지 어머니로서가 아닌 여성 자신의 존재를 위한 개인 시간에 대한 재평가로 여성을 위한 다른 시간 할당에 대한 열망들을 표현한다. 그렇게 해서 1987년 RSCG 캠페인의 물리넥스 광고 필름 속에서 가족 구성원들은 유쾌하게 토스트를 만들고, 다림질을 하고, 저녁식사를 하도록 유도된다.

마찬가지로 여성은 점점 사회적인 영역에서의 정복의 상징들인 남성적인 가치들로 표현되는데, 그 표현은 종종 사회적인 성공의 남성적인 특질들을 몸에 두르고 있는 여전히 상투적인 방식이다. 바지 정장을 입고 한 손에는 핸드폰을 들고 있는 여성 행정관이나, 뉴욕의 마천루에 헬리콥터를 타고 행정 조언상 도착한 전권을 가진 여성, 또는 점유와 무제한·지배 같은 남성적인 언어적 특색을 띤 "나는 모든 것을 원한다"고 말하며 직업적이고 감정적인 생활을 성공시키려는 욕망을 표명하는 젊은 여성.

마찬가지로 남성들의 역할도 새롭게 표현된다. 남성의 역할은 초기에는 아이들을 중히 여기는 아버지라는 역할 속에서 가정 내에 자리를 잡는다. 그 이후에는 놀이, 재롱이나 육아에 가담한 공범자로서, 그리고 결국에는 설거지처럼 가장 가치를 두는 가사노동의 행위자로서 자리를 잡는다. 가사노동

중에서 설거지에 가장 가치를 두는 것은, 오늘날까지도 광고 속에서 진공 청소기로 청소하는 남성들을 볼 수가 없기 때문이다.

남성용 화장품에 관해서, 사람들은 아직 미용 용품까지는들먹이지 않지만 그 표현들만큼은 발전했다. 사람들은 프랑스에 소개된 최초의 애프터 쉐이브인 아쿠아 벨바를 두 손에 뿌려 얼굴에 힘차게 바르는 경험으로부터, 이제는 그 향을 음미하면서 보다 부드러운 몸짓으로 얼굴에 크림을 마사지하듯 바르고 나중에는 몸에까지도 바르게 되었다. 유일무이하여 스캔들을 일으켰던 70년대초의 이브 생 로랑의 '뉘' 광고를 제외하고는, 아주 오랫동안 남성적인 몸짓에 관한 커뮤니케이션에서 제외되어 있었던 행동들인 자기 도취적인 어떤 에로틱한 표현이 점점 남성의 나체 연출 속에 자주 나타난다.

이는 아주 천천히 진행되고 있지만 여성과 남성들의 새로운 이미지가 나날이 만들어지는 여성과 남성에 대한 재현체계이다.

1990년대에 일반적으로 남성적인 지배에 강하게 부여되었던 상품세계를 세정하기 시작하는 것은 진정 여성적인 가치들이다.

자동차 커뮤니케이션의 전체는 순수한 기계의 수행 능력을 포기하고 유희 기분, 행복과 안전에서 소비자들의 열망의 확대와 보다 직접적인 관련성이 있는 자동차 회사의 이미지들을 구성하기 위하여 활용되는 생명의 보호라는 방향으로 전향한다. 모델의 선택은 더 이상 남성의 독점적인 전유물이 아니고 둘이서 결정되는 선택이며, 자신의 의견을 말할 권리가 있는 아이들은 말할 것도 없다. 806의 광고는 무례함과 유머를 겨루는 영화 시리즈 전체의 테마를 가지고 만들었다.

둘이서 혹은 셋이서 결정할 때, 우리는 여성적인 가치들 속에서 인간관계가 대등하게 되고 계약규정서를 작성하고 그 다음에는 타협——아이들을 위한 좌석으로부터 트렁크·가격·안전성——을, 현실의 원리와 기쁨의 원리간에서 가장 받아들일 만한 합의를 이룰 수 있는 것이다. 게다가 이러한 배경에서 광고는 모델들의 규정에 따른 태도들에 관해서만큼이나 제품의 실용적인 측면들, 그것의 성공의 조건들과 안정성과 가족의 생활방식을 위한 논의들에 관해서도 의사소통을 잘 해야 한다.

정교한 고도 기술로 오랫동안 찬양받아 온 하이테크 제품들의 이미지들을 변형하게 될 것은 단순함의 가치들이다. 오늘날엔 여성적인 실용주의가 광고 속에서 복잡한 생산품에 대한 흥분을 대체한다. 그것은 점점 '전자 소비' 제품들의 판매에 대한 논쟁을 일으키고 있는 '사용하기 쉬운 시스템'이다. 그리고 무선 전화와 같은 상품은 무슨 일이든 맡아하는 한 번의 터치로 커뮤니케이션의 방향을 맞춘다. 모든 이에게 쉬우면서도 접근할 수 있는 대상이 되게 하려는 의지가 그런 식으로 표현되었다.

광고 속에서 남성적 가치들이 매우 강하게 내포된 또 다른 세계 하나가 여성적인 가치들의 영향력 아래 발달하기 시작한다. 스포츠 용품들의 광고는 늘 정복·승리·초극과 같이 승화된 호전적인 가치들을 찬미했고, 일반 대중의 커뮤니케이션 속에서는 마치 여성은 진정으로 자신의 자리를 갖지 못했던 것처럼 대부분이 남성 스포츠 맨들에 의해 재현되어 왔다.

어찌되었든 이제 우리는 세계적인 대기업들의 스포츠 용품 광고에서 스포츠 맨들이 단지 스포츠의 결과나 승패에 관한 차원에서만이 아닌, 인간적인 차원으로 표현되는 것을 보며 여성적인 가치들의 영향력을 인식하기 시작한다. 나이키 광고에서 애틀란타 올림픽 경기에서 좌절을 맛보았던 전 장대 높이뛰기 세계 챔피언인 부브카를 내세우는 경우처럼 실패까지도 포함할 수 있는 인간적인 차원에서. 부브카는 그 광고에서 자신의 실패를 다시 일어서기 위한 힘·용기·동기 유발을 끌어내려는 도약대처럼 말하였다. 광고 속 남성적인 가치들의 재현 논리에서 남성은 나약하지 않다. 실패를 뛰어넘는다는 것은 이미 겸손과 인내의 여성적인 가치들에 의지하는 것이다.

경쟁사 리복의 경우, 리복은 여성 챔피언들로 자사를 표현하거나, 공연 후원에 관한 지역 시민의 후원에 특혜를 주기를 망설이지 않는다. 이는 엄격히 남성적인 기준들 속에 자사의 이미지를 고정시키지 않으려는 회사의 심려를 표명한다.

오늘날 스포츠 광고는 여전히 남성적인 가치들로 연결되어 있다 해도, 더 이상 거기에서 제외되었다고 느끼지 않는 여성들에 의해 점점 더 많이 점유될 수 있다. 마찬가지로 우리는 매력적인 스포츠 챔피언들을 보기 시작한다. 운동을 하는 모습은 더 이상 추한 모습이 아니다. 게일 디버가 재현하는 웰의 팬티 스타킹과 같이, 스포츠계의 챔피언들이 패션계의 스타들과 나란히 서서 매력에 관한 제품들의 기수가 되기도 한다.

남성들의 이미지에서 독재적인 면모가 점점 줄어들고 있다. 개성화가 풍부해지고 있고, 겸손이라는 점에서 특히 좋아지고 있다. 게다가 부드러움·감정·쾌락·관능성과 관련해서는 아이들과 함께 있는 남성이 정말로 보이기 시작한다. 화장품계에서는 정신력이 육체적인 힘을 대신한다. 유혹하기 전에 스틱 방취제를 사용하는 노 젓는 남성의 광고에서처럼, 운동으로 단련된 남성성을 첫머리에 내건 80년대의 멘넨 모델은 오늘날 농구 코치의 모델로 바뀌었다.

가치들의 혼합은 점점 더 광고를 세정하고 있다. 틀에 박힌 모델들의 최후의 보루는 세제의 모델로, 그것 역시 광고에 혁신을 가하고 있고, 그것을 가장 잘 실현시킬 줄 알았던 리더는 아리엘이다. 자신의 빨래를 세탁하고 있는 비즈니스 여성의 희화된 모습에 빠지지 않고, 아리엘은 그 성과——“나는 최고야. 본때를 보여 주겠어”라는 지극히 남성적인 가치——에 대해서 능력에 관한 여성적인 가치에 자신의 입장을 취할 줄 알았다. 자신의 식당과 식당의 새하얀 테이블보에 자부심을 느끼는 식당 여주인이나, 자신이 운영하는 유치원의 세탁물의 청결성을 염려하는 유치원 원장으로 표현되는 능력의 가치이다. 전형적인 여성적 성격이 부여된 활동을 하지만, 그것을 전문적으로 실현시키는 것이 바로 여성들이다.

여성 행정관의 전형으로 존재하는 대신에 그 능력에 효율성과 성공의 남성적 가치들, 즉 여성적 가치들에 의해 결합된 남성적 가치들을 보태는 것이다.

화장품계와 패션계는 말할 것도 없이 발전이 가장 느린 분야들이다. 두 성의 정체성들의 차이의 중심에 있기 때문이다. 이 두 분야는 대중매체의 우상들에 의해 영향을 받는 곳이다. 특히 매혹적이고 낭만적인 여성을 거치면서, 롤리타로부터 팜므 파탈에 이르는 스타들과 패션 모델들이 고전적이고 영원한 매력을 두고 겨루는 여성들의 세계에서 그렇다.

유머러스하면서 미학적인 형식으로 결혼한 후에 매력을 이용하는 어머니로서의, 자유로운 여성으로서의 오늘날의 여성들의 현실을 표현하는 원더브라 같은 몇 안 되는 상표들만이 새로운 담론을 만들고 있다. 이전에는 광고에서 여성들을 대상으로 표현했지만 이제 그들은 욕망의 대상으로, 그러나 주체인 입장에서 포즈를 취한다.

그럼에도 불구하고 여성 혹은 남성의 매력의 세계에서 가치체계들이 그렇게 구분되어서는 안 되는 것이 아닐까? 매력의 세계는 성별의 분할선 양쪽에서 각각의 성이 매혹에 대한, 그 위대한 인간의 게임을 부양하기 위해서 감정적으로 서로를 의지할 수 있어야 하는 환상과 신화적인 상상의 세계이다. 돌체 비타 향수 광고에 나오는 커플처럼 말이다. 돌체 비타는 이탈리아적인 연극적 매혹과 라틴 사람들의 축제에 대한 사랑을 불멸화시키고, 또는 남성 화장품 오 소바쥬는 강력하고 세련된 남성성의 불변의 형상을 구현한다.

젊은 세대를 위한 상품 커뮤니케이션에서는 공유된 가치체계가 이미 존재하고 있을까? 분명 그렇다. 할리우드 광고처럼 남성/여성적 유형이 덜 두드러지는 광고들에서는, 두 성의 젊은이들의 혼성적인 특성·교환·문화적 유사성이 표현되고 있다. 심지어 예전에는 성별이 확연히 구분되었던 상품들조차 로레알의 헤어 젤처럼 점점 광고를 통해 유니섹스 상품이 되어가고 있다.

미래의 광고에서는 분명 세 가지 유형의 표현이 전개될 것이다. 첫째, 면도 광고처럼 전형적으로 남성적인 세계를 강조하는 표현들이 있다. 그러나 이러한 광고는 점점 수가 줄어들 것이고, 힘이나 전투보다는 점점 밝음·역동성·책임감·개인적인 행복에 가치가 집중될 것이다. 둘째, 소피 마르소가 출현했던 샹젤리제 향수 광고에서와 같은 대단히 전형적이긴 하지만 여성적인 매력을 발산하는 표현들이 있다. 그러나 그 광고에서 볼 수 있듯이 여성이 더 이상 욕망의 대상이 아닌 욕망의 주체로서 살고, 자유롭고 감상적으로 자신의 삶을 글로 표현하는 자유를 누리는 모습이 강조될 것이다. 그리고 끝으로는 누구나 공유된 가치들과 그 차이 속에서 서로를 확인할 수 있는, 보다 인간적인 입장과 새로운 동맹관계를 표현할 일정수의 가치들을 둘러싼 다른 세계들 전체를 위한 혼성적인 표현들이다.

　기업들의 경우, 제도상의 이미지는 상업적인 성공에 없어서는 안 될 요인이 될 것이고, 소비자들은 주로 신뢰를 토대로 한 변함 없는 충실한 관계를 설립하고자 할 것이다.

　이러한 제도상의 이미지는 혼성적인 가치들의 새로운 문화를 통해 규정지어지는 것이 바람직할 것이다. 우선 순수하고 단순한, 이윤의 차원이 아닌 집단적인 유용성이라는 '공민적' 차원의 윤리적인 관계에서, 그 다음에는 기업 문화, 즉 철학과 '기업 정신'과 내부의 사회적 합의를 둘러싼 팀의 연대성을 통해서. 이러한 사회적인 동시에 상업적인 이미지에 있어서 직원관리는 건설적인 요소가 될 것이다.

　그리고 끝으로 상업적으로는, 단순한 판매가 아닌 고객들에 대한 봉사·협력·책임감의 제공을 통해 기업의 가치로 인정받는 동시에, 그 속에서 대인관계와 감정적인 애착의 요소들

또한 발견하게 될 개성화와 고객에 대한 성실이라는 마케팅 정책을 통해 혼성적인 가치체제를 인식하게 될 것이다.

그러나 이미지를 재고할 필요성은 사기업의 길잡이와 대변인인 경영자들과 간부들은 물론, 공적인 분야에 있는 정치 고관들에게도 적용될 것이다.

그 모든 조직에서 중요한 직위에 있는 여성들에 대해서 말하자면, 이는 이런 사회문화적 진보에 대한 적용을 설명하는 방법이 될 수 있다. 그러나 무엇보다도 커뮤니케이션에서 반드시 인식시켜야 할 것은 새로운 개성을 갖춘 경영자의 모습이다. 명확하고 정당한 목적들을 갖고 한 그룹을 이끌 수 있는 능력을 갖추었으며 대화를 통해 자신의 권위를 인정받는, 고독한 결정자이기보다는 사람들을 결집시키는 지휘자이며, 인간적이고 도덕적이며 계획과 야망이 있는 남성 또는 여성, 이 남성 또는 여성 경영자는 직원이나 경영팀은 물론이고 미디어를 통해 자신의 이미지와 위상을 확고히 구축하는 행동의 결과를 확인받게 될 것이다.

FORSEEN 클럽 초청자들의 시각

상기의 추세와 그 여파에 대한 초청자들의 자유의견들

FORESEEN 연구소의 작업들은 모든 조직들과 기업들, 그리고 그 지도자들을 위한 방향과 적응방법을 알려 주는 도구가 되고자 한다.

Havas Advertising 그룹이 이러한 연구들을 착수하고 발전시킨 것은 사회학을 가장 훌륭하게 이해함으로써 가장 이상적인 정치, 가장 이상적인 경영, 그리고 가장 이상적인 마케팅을 구현한다는 바로 이러한 개념을 토대로 해서이다.

이러한 이유에서 이와 같은 분석들의 참신한 면들을 수집하고, 그것들에 대해 자유스럽게 토론하기 위해 Havas Advertising의 사장인 알랭 드 뿌질락은 정기적으로 모든 부문들과 모든 직업 분야들, 민간기업들 또는 공공서비스 부문, 국가행정의 지도자들과 책임자들을 규합한 것이다.

우리는 바로 이 'FORESEEN 클럽'의 회원들에게 반응을 요구하고, 이러한 사회문화적 조류에 대한 자신들의 관점을 밝혀 주기를 요구하였다.

* 그들은 추세에 대한 이러한 가정에 동의하는가?
* 여기에서 그들은 단절을 느끼는가, 아니면 단순한 변화를 느끼는가?
* 미약한 불꽃인가, 아니면 무겁고 장기적인 조류인가?
* 그리고 그들 자신의 고유 분야와 활동영역에 관련하여, 그들은 어떠한 결론들을 내리게 되는가?

왜냐하면 사회 추세와 사회 역동적 조류는 확률의 시나리오들이고,

사회의 주역들이 그들의 선택과 결정에 의해 심오하게 다듬어 가는 심리사회학적인 잠재적 집단 에너지일 뿐이기 때문이다.

자신들이 책임자로 있는 조직을 대변하는 것이 아니라, 사적인 차원에서 발언자 자신들만을 구속하는 이러한 자유스러운 발언들이 추세와 그 결과들에 대한 보다 넓은 집단적 성찰을 나누기 위해 이 토론의 자리에 함께 모아진 것이다.

1

올리비에 뒤아멜

정치학자, 유럽 의회의원

FORESEEN : 핵 견제 덕분에 50년 동안 평화를 지켜 왔던 이 사회 속에서 호전적인 사회들을 조직화했던 남성적 가치들이 여전히 미래의 가치가 될 수 있을까요?

올리비에 뒤아멜 : 가장 어려운 것은 우선 남성적 가치들이라고 불리는 것과 여성적 가치들이라고 불리는 것을 구별하는 일입니다. 물론 전쟁은 남성적 가치였다고 말할 수 있습니다. 전쟁을 했고, 그 책임이 있으며, 전쟁을 선포하고 마감한 것은 남성들이었으니까요.

마찬가지로 전쟁이 힘·전투·지배·폭력이라는 남성의 가치들을 찬양한다고도 할 수 있습니다. 하지만 그것이 단지 남성적 가치들일까요? 거의 짐승에 가까운 가치들이 아닌가요?

저는 남성들이 평화에 대하여 여성들과 똑같은 갈망을 가질 수 있다고 믿지는 않습니다. 그리고 20세기의 사건들을 보면 다음과 같은 사실들을 관측할 수 있습니다.

사실 전쟁은 수 세기 동안 유럽 사회의 활동 범위였습니다. 전쟁이 유럽 사회의 지배적인 가치였죠. (프랑스와 독일이 70년 동안 전쟁을 세 번이나 치렀다는 사실을 잊지 마십시오.) 그리고 전쟁을 하는 목적은 긍정적이고 정당한 목적이었습니

올리비에 뒤아멜 **미**

다. 국민들의 마음속에서 평화의 가치가 전쟁의 가치를 대체하기까지는, 제1차 세계대전의 극도의 공포와 그로 인한 1천8백만 명의 죽음이 필요했습니다. 그리고 유럽에서 목적으로서의 전쟁을 결정적으로 포기하고 평화를 첫째 가는 본질적인 개념으로 받아들이기까지는, 군사력에 의한 공포였던 제1차 세계대전을 또 다른 유형의 공포로 가중시킨 제2차 세계대전이 보여 준 극도의 비인간성이 필요했습니다.

그렇게 해서 서구 유럽에서는 유럽의 내전을 완전히 근절시키기 위하여 근본적으로 평화에 대한 이상인 유럽의 이상이 나타났습니다. 남성적인 가치들과 여성적인 가치들간의 관계의 복잡성으로 되돌아가기 전에, 그 유럽적인 이상과 그 평화의 가치들을 가져온 주요한 인물들이 모두 남성들인 독일인 콘라트 아데나워, 이탈리아인 데 가스페리, 벨기에인 앙리 스파크, 그리고 프랑스인 로베르 슈망과 장 모네였음을 주목해 보면 흥미롭죠. 그리고 그 노선에서 가장 앞장서서 일을 진척시켰던 사람은 영국인인 윈스턴 처칠이었고, 그는 1946년부터 유럽의 미국식 개념을 수호했습니다. 물론 그 평화의 가치들을 가져온 것도 남성들이었습니다. 왜냐하면 정치 영역은 그 당시 남성들이 독점하고 있었으니까요. 어쨌든 그 점은 평화의 개념이 오로지 여성들에 의해서가 아니라 남성들에 의해서 이끌릴 수 있었다는 사실을 보여 줍니다.

우리는 두번째 관측을 할 수 있습니다. 전쟁을 끝내고자 하는 의지 뒤에는 보다 심오하고 보다 강한 전체주의에 대한 거부가 있었던 것이지요.

20세기는 나치즘과 스탈린주의라는 두 개의 전체주의로 점철되었습니다. 그것들은 오늘날 대다수의 유럽인들에게는 배척되고 있지요. 그 두 가지 형태의 전체주의는 남성들에 의해 이끌어졌습니다. 그 중 나치즘은 공공연하게 남성 우월주의 적이었고, 인간을 초인과 열등인간으로 분류하는 남성 우월 주의의 극심한 형태로 오로지 사이비-사색가 남성들에 의해 서 잉태되었습니다. 나머지 하나인 스탈린주의는 그보다는 덜 극단적인 남성 우월주의였지만, 그것 역시 남성들의 작품이었 습니다.

그 두 개의 전체주의에 비해 민주주의 이상은 여성적인 이 상이며, 남성적인 가치라고 할 수 있는 전체주의에 대립되는 여성적인 가치라고 말해야 할까요? 저는 그렇게 생각지 않습 니다. 남성들에 의한 그런 난폭한 권력 형태의 구체적인 역사 적 구현이 있긴 하지만, 민주주의적 가치들은 여성들과 남성 들간의 공유 가치들이라고 생각합니다. 그런 이유로 해서 귀 하가 FORESEEN 연구소가 사회학적으로 분석한 것과 같이 남 성적 가치들과 여성적 가치들을 구별한 부분에 대해서 저는 다소 동의하기가 망설여집니다.

FORESEEN : 그러면 오늘날 나타나고 있는 사회학적인 경향 이 여성적 가치들의 선택이 아니라, 남성들과 여성들 사이에 공 유된 새로운 가치체계라고 생각하십니까?

올리비에 뒤아멜 : 저는 오늘날 우리가 목격하고 있는 것 이 민주주의 가치들의 진행이며, 그 진행 속에서 민주주의 가 치들에 대하여 여성들이 특별한 역할을 하고 있고, 귀하가 여 성적인 가치들이라고 부르는 것이 특별한 역할을 하고 있다 고 생각합니다. 다시 말하면, 본질적으로 역사적인 상황이라

는 이유로 여성들이 민주주의의 이상을 남성들보다 더욱 강하게 구현하고 있다는 것입니다.

여성들은 그동안 민주주의에 의해 우롱당하고 억압받았습니다. 민주주의는 평등과 보편성의 확립을 위해 건설되었지만, 인류의 절반인 여성을 배척함으로써 그 이상에 충실하지 않았습니다.

오늘날 우리는 민주주의가 스스로의 오류를 수정하는 시대에 들어서고 있는 것을 봅니다. 민주주의는 그 이상의 최초의 토대 중 하나인 남성들과 여성들 사이의 완전한 평등을 받아들이고 있습니다. 이런 민주주의의 삶의 전환기에서 여성들은 특별한 역할을 하고 있습니다. 왜냐하면 여성들은 배척당했었고 오랫동안 '소수파'였으니까요. 여성들은 인류사 속에서 다수파이자 소수파인 유일한 그룹이라는, 완전히 예외적인 조건을 가지고 있습니다. 즉 여성들은 오랫동안 수학적으로는 다수파였으나 소수파의 상황 속에 있었던 것입니다. 그런데 우리는 모든 역사적 과정 속에서 소수파들이 다수파들보다 해방의 가치를 더 많이 지녔던 사람들임을 알고 있습니다. 소수파들은 그들이 배척당하고 착취당했었기 때문에 박해와 학대, 그리고 보다 강한 해방과 평등에의 의지를 가지고 있는 것입니다.

따라서 여성들은 그 과정을 통해서 그들이 다수임에도 불구하고 소수파의 열린 정신과 의지를 가지고 있습니다.

오늘날은 여성적 가치들과 민주주의 가치들이 하나로 일치되는 수렴의 과정에 있습니다. 이는 근본적인 문제입니다. 그리고 그 과정은 거의 완수되어 가고 있는 중입니다. 무엇보다도 대단히 길었던 초기 시대인 법률상의 시대가 있었기에 가능했죠. 여성들의 정치권에 대한 인식은 근본적으로 20세기 초엽의 가장 진보된 민주주의에서, 우리처럼 다소 뒤처진 민주주의에서는 20세기 중반에 이루어졌습니다.

소위 대단히 민주적이라는 프랑스 같은 국가들에서도 여성들이 남성과 같은 알 권리를 갖기까지, 똑같은 학교와 모든 직업에 접근할 수 있고 그들의 출산을 통제할 권리를 갖기까지는 20세기의 나머지 절반을 더 기다려야 했습니다. 법률 싸움은 거의 20세기말인 70년대에야 끝이 났습니다.

그리고 두번째 시대로서 우리가 오늘날 살고 있는 시대는 획득된 권리들이 현실 속에서 구체화되도록, 그 권리들이 단지 형식적인 것으로 그치는 것이 아니라 평등한 상황에 귀착될 수 있도록 하기 위한 싸움의 시대입니다. 그 싸움은 이제겨우 시작했을 뿐입니다. 정치계와 마찬가지로 경제계에서도 여성들은 아직도 실제 가치 이하로 평가되고 있는 상황입니다.

FORESEEN : 정치계에서 그 싸움에 이기려면 여성들은 남성적인 입장과 가치들을 채택해야만 할까요?

올리비에 뒤아멜 : 우리는 오랫동안 그렇게 믿어 왔습니다. 정치계에서 최초의 성공을 구현시켰던 여성들은 말하자면 '남성 같은 여성'들로서, 사람들이 흔히 그 여성들은 정치가들이라고 말하는 극도로 강하고 권위적인 여성들이었습니다. 사람들은 마거릿 대처나 골다 메이어 같은 인물을, 어느 정도는 인디라 간디 같은 인물을 떠올립니다. 저는 그 시대는 끝났다고 생각합니다. 스스로가 여성이라고 생각하면서도 자신들이 가진 권위로 이른바 남성적인 가치들을 표현하고 구현했던 '예

외적인 여성들'의 시대는 사라졌습니다. 이제 최근에 주로 북유럽의 정부들이나 국가들을 통솔하고, 또는 통솔했던 여성들은——예를 들면 아일랜드에서는 보통 직접 선거에서 최초의 여성이 선출되었고, 노르웨이에서는 수상이 오랫동안 여성이었으며, 캐나다에서는 최근에 국가를 통솔하던 사람이 여성이었습니다——더 이상 대처 같은 유형의 '남성 같은 여성'의 전형을 구현하지 않고 '여성다운 여성'의 전형을 구현하고 있습니다.

여성적인 문제, 즉 성에 대한 문제는 일종의 중성화에 이르기까지 했습니다. 이제 더 이상 사람들은 어떤 위정자에 대해서도 그가 남성인지 여성인지를 알려는 질문을 하지 않고, 남성이나 여성의 기준에 대해서 판단하지 않습니다.

우리는 그런 추세에 막 진입했습니다. 과거에 여성 위정자는 예외였고, '남성 같은 여성'의 전형이었습니다. 이어서 우리는 정치에서 여성적인 특성을 구현하고 있는 '여성다운 여성'의 시대에 들어섰습니다. 그리고 앞으로는 사람들이 그런 유형에 대해서 관심을 갖지 않을 것입니다. 우리는 더 이상 위정자들에게서 여성적이거나 남성적인 자질을 구별하지 않고, 오로지 그 위정자들의 자질만을 구별하게 될 것입니다. 우리가 21세기에서 보게 될 것이 바로 그런 국면입니다.

프랑스에서는 상황이 조금 다릅니다. 우리는 북유럽에 비해서 많이 뒤떨어져 있기 때문이죠. 사실 남성들과 여성들간의 평등의 가속화와, 프랑스 정치에서 여성들의 위력 상승에 중요한 역할을 한 것은 유럽의 건설이었습니다.

라틴 유럽 국가들은 여성들의 출현과 승인이 훨씬 더 강한 북유럽 국가들의 다른 문화와 영구적으로 맞부딪쳤습니다.

그리고 몇 년 전부터 그리스와 프랑스 같은 국가들은 정치권에서의 여성 배척이라는 이유로 가장 낙후된 국가로 지적되었습니다. 예전 같으면 그것은 문제될 것도 없는 사항이었습니다. 그러나 오늘날 그와 같은 일은 집단적으로 거부되는 현실입니다. 프랑스에서 90년대에 있었던 위대한 지도자들의 연설들과 태도, 거대 정당들의 계획들을 80년대의 것들과 비교해 보면 근본적인 변화를 확인할 수 있습니다. 새로운 공유 사상 하나가 전개되었는데, 정치권에의 여성들의 불가피한 참여가 그것입니다. 이는 우리가 유럽의 일부가 되고 있다는 아주 최근의 한 변화인 것입니다.

FORESEEN : 혼성적인 특성을 갖는 유럽 의회와, 여전히 대단히 남성적인 프랑스 의회 사이에 어떤 차이점이 있다고 생각하십니까?

올리비에 뒤아멜 : 확실히 차이가 있습니다. 그러나 그것은 여성들의 참여, 또는 여성들이 참여한다는 새로움에 기인한 것 아닙니까? 새롭게 참여하는 이들이 여성들이라는 사실, 또는 그들의 상황이 예전에는 억압을 받는 소수파였다는 사실에서 기인한 것 아닙니까? 그것은 여전히 공공연하게 제기되는 질문입니다. 제 입장에서는, 그 차이점들이 어떤 여성적인 속성보다는 여성들이 억압받던 예전의 상황과 그들의 새로운 출현이라는 역사적 상황에 더욱 관련이 있다고 봅니다. 여성들이 정치적 삶에 출현한 이런 국면에는 정치 담론의 변화가 확실히 있습니다. 그 담론은 표현에 있어서 보다 진지하고, 덜 암호화되어 있으며, 덜 엉성하고, 사람들의 문제에 보다 더

가깝고 보다 공정합니다. 하지만 저는 그것이 어떤 여성적 속성과 관련이 있다고 생각지는 않습니다. 어쨌거나 여성적 속성을 강조하는 것은 역설적입니다. 여성들이 권력에서 배제되었던 것은 바로 여성적인 사이비-속성이라는 이름으로였기 때문이니까요. 저는 그러한 진보는 무엇보다도 여성들을 위한 권력 행사의 새로움과 관련되어 있다고 생각합니다.

여러분은 19세기말에 정치계에 입문해 정계를 쇄신하였던, 새로운 사회적 프로필들을 가진 사회민주주의자들이 거대 정당을 설립했을 때 이미 그런 유형의 현상을 겪었습니다.

오늘날 여성들은 똑같은 것을 실현시키고 있고, 어쩌면 미래에도 프랑스 내의 아랍인들처럼 여전히 정치 영역에서는 배제된 다른 부류들이 그같은 유형을 반복할지도 모릅니다.

저는 그것이 그때까지 자신들에게 금지되었던 분야로 들어선 새로운 부류들에 대한, 어떤 여성적인 본질 이상의 현상이라고 생각합니다.

FORESEEN : 그러면 여성들이 일정한 틀 속으로, 어쩌면 정치 생활의 순조로운 진행에 필요한 규정들 속으로 돌아가리라고 생각하십니까? 성실성과 진실성이 인류 공동체인 사회를 경영하는 데 최상의 방법일까요?

올리비에 뒤아멜 : 우리는 두 가지 시각을 가질 수 있습니다. 비관적 시각과 낙관적 시각입니다. 비관적 시각으로는 결국 여성들이 그들이 예전에는 권리를 갖지 못했던 게임에 참여하게 된 새로운 부류에 지나지 않으며, 여성들이 빠르게 그들의 신선함을 잃어가고 있고, 정치라는 것은 별도로 그 세계

를 재건하려 한다고 말할 수 있을 것입니다. 반면에 낙관적 각본대로 보면 그와는 정반대로 민주주의의 재활성화, 정치의 재생이라는 형태가 이번 기회에 영속적으로 자리잡기를 바랄 수 있습니다.

중요하게 짚고 넘어가야 할 것은, 정치생활 속의 여성들의 출현이 낡은 이데올로기적인 대결의 붕괴와 어깨를 나란히 할 것이라는 점입니다.

가장 혹독한 형태의 집산주의 이데올로기인 스탈린식의 공산주의나, 가장 온건한 형태로서 자유체제와 절대적으로 대립되는 사회진보주의 이데올로기는 유럽이나 라틴아메리카·아프리카에서 사라졌고, 중국을 제외한 아시아에서도 실제적으로 사라졌습니다.

시장경제 주변이나 일반적인 정치활동의 범위에서 보편적인 합의가 존재하는 순간부터 그런 합의의 내부에 있는 차이와 토론을 재건할 필요가 있습니다. 그 재건 속에서 우리는 더 이상 예전의 단순주의자들의 거대 도식에 만족할 수 없을 것입니다.

따라서 민주주의를 살리고자 한다면, 정치인들은 간단하고 받아들일 수 있고 국민들이 인지할 수 있는, 다시 말하면 실생활에 관련되어 있는, 즉 이해관계들의 차이, 사회적 상황들의 차이에 관련되는 대립이라는 형식의 합의 속에서 만들어 갈 수밖에 없습니다. 유권자들이 선택할 수 있는 다양한 조정안들을 제시해야 하는 것입니다.

그런 맥락에서 우리는 정치권력 행사에 여성들이 가져올 민주적인 진실성이 견고해지리라 생각할 수 있습니다.

FORESEEN : 씨앙스 뽈리띠끄[국립정치행정학교, 흔히 '씨앙스 뽀'라고 한다]에서 강의하면서 신세대들과 접촉을 하고 있는 귀하께서는, 젊은 세대들과 이전 세대들간의 태도와 가치의 차이점을 어떻게 평가하십니까?

올리비에 뒤아멜 : 주된 변화는 지식에의 접근에 있습니다. 오늘날 씨앙스 뽀와 같은 학교에는 남학생들만큼이나 많은 여학생들이 있는데, 이는 전에 없던 새로운 현상입니다. 많은 대학교에서 그런 과정이 진행중이고 많은 직업 분야에서도 역시 대다수가 여성들이며, 대개의 경우 남성/여성의 균형을 유지하기 위한 할당량을 예측할 필요가 없지 않나 하는 생각이 들 정도입니다. 변화의 확대라고 말할 수 있지요.
거기에서 어떤 가치 변화가 일어나고 있느냐구요?
정확히 뭐라고 규정하기는 어렵습니다. 어떤 관점에서는 젊은 여성들이 구현하고 있는 것과 젊은 남성들이 구현하고 있는 것 사이에 차이가 없어졌다고 말할 수 있습니다. 예를 들어 흡연실을 들여다보면, 젊은 남성들보다 더 많은 젊은 여성들이 담배를 피우고 있는 것을 보게 될 것입니다. 이는 우리가 평등의 초기 국면에 있음을 나타냅니다. 우리는 여기에서 성별이 불분명해지는 현상을 발견하는 것과 동시에 젊은 여성들이 정치로의 회귀, 일종의 정치 참여의 재활성화를 젊은 남성들보다 강하게 구현하고 있다는 것을 알 수 있습니다. 젊은 남성들은 물질적인 이해관계에 따라, 특히 그들의 관심사인 직장을 얻기 위한 투쟁 속에서 움직입니다. 그들은 젊은 여성들보다 훗날 그들이 벌게 될 돈이라는 물질적인 이해관계에 훨씬 더 민감합니다. 돈에 대해서는 남학생들과 여학생들 사이에 확실히 차이가 있습니다. 여학생들은 남학생들과 똑같은 잠재성을 가지고 직장에서의 동일한 권리라는, 평등의 획득이라는 국면에 처해 있으므로 남학생들보다는 덜 타산적입니다. 이는 분명 우리가 이 세대가 벌이는 운동들에서 많은 젊은 여성들이 리더들로서 연대적이고 인도주의적인 정치행동적인 운동들을 이끌고 있는 모습을 발견하게 되는 이유 중 하나입니다.

또 다른 변화는 부모들과 자녀들 사이의, 특히 아버지와 자녀들 사이의 관계 속에 있습니다. 수 세기 동안 아버지는 전통적으로 아들의 성공을 목표로 삼아 왔고, 그것은 민주사회들 속에서 심오하게 변형되었습니다. 오늘날 아버지들은 딸의 성공에 대해서도 각별히 신경을 쓰고 있습니다. 아버지의 야망은 딸이 사회적·직업적·지적인 삶에서 성공하는 것입니다. 딸들도 그것을 느끼고 그런 야망을 품게 되지요. 달리 말하면, 여성들은 남성과 여성 사이가 평등해지는 최초의 세대인 신세대를 통해서 우리 사회의 변형을 완수하고 있다는 것입니다.

FORESEEN : 점점 더 민주적으로 되어가고 있는 사회 속에서 리더십의 표현을 어떻게 보십니까? 그것은 어떻게 구현되어야 할까요? 또 어떤 가치를 지녀야 할까요?

올리비에 뒤아멜 : 우리가 한편으로는 더 이상 전쟁으로 구축된 사회 속에 있지 않은 그때부터, 그리고 다른 한편으로는 남성과 여성의 평등 원칙이 완전히 받아들여지는 그때부터 리더십의 변형은 피할 도리 없이 진행될 것입니다. 리더십의 변형은 정치 영역에서 시작되었습니다. 리더를 선택하는 기

준들은 더 이상 권위나 서열, 일종의 국가의 교사연하는 힘의 구현이 아닐 것입니다. 그러나 그것이 필연적으로 남성 리더들에 비하여 여성 리더들에 대한 호의를 의미하지는 않습니다. 그것은 여러분이 남성적 가치들에 비해 여성적 가치들의 우선권이라고 부르는 것에 부합됩니다. 마찬가지로 그것을 우리는 들뜬 연회 기분, 단순성, 서열적 가치들을 통해 대표되는 자와 대표하는 자간의 정체성의 가치들, 결국 권력이라는 것이 우리 보통인과 같은 누군가를 실용적인 이유로 우리 대신 우리를 위하여 통치 기능을 수행하고 우리에게 보고하도록 임시로 위임한 것에 지나지 않는 민주주의적 가치들이라고 부를 수 있습니다.

최근의 리더들인 미국의 빌 클린턴, 영국의 토니 블레어, 또는 그들과는 다른 유형으로서의 자크 시라크와 리오넬 조스팽을 보면, 그들의 특성을 이루는 것은 여성이나 남성들이 아닌 평범한 인간들입니다. 대외적으로도 탁월한 위정자들로 표현되는 특별한 리더들이었던 마거릿 대처·샤를 드골 또는 프랑수아 미테랑과 그들을 비교해 봅시다. 오늘날의 리더들은 합의의 제작, 조직된 토론, 중재된 결정의 리더들입니다.

그런 변화는 남성/여성 문제를 초월해서, 제가 볼 때는 민주주의의 가치들을 가리키는 대단히 심오한 변화입니다. 하지만 그 과정이 끝까지 갈 수 있도록 하려면, 권력이 아직도 남성들에게 국한되어 있는 국가들에서 권력을 행사하는 사람이 더욱 중성적이고 덜 남성적인 가치들을 구현하는 새로운 인간 유형이 되도록 해야 하고, 뿐만 아니라 평등하게 여성들이 똑같은 권리를 갖고 위대한 서구의 민주주의가 여성들에 의해 이끌어질 수 있도록 해야 할 것입니다.

앞으로 몇십 년 후면 우리는 여성 대통령을 배출해 내게 될 것입니다. 우리가 정치 영역에서 그 과정의 끝에 이르게 되는 그때부터, 경제 영역에서도 역시 사정이 변화될까요? 아마도 그럴 겁니다. 정치권의 변화가 관례화되면 남성들은 경제 영역에서의 권력 독점 역시 그만둘 겁니다.

오늘날 정치적 직책 속에서의 여성들의 진보는 경제적 직책 속에서의 여성들의 진보보다 훨씬 앞서 있습니다. 대기업의 세계는 최고위직의 남성들에 의해서 이끌리고 있습니다.

FORESEEN : 북유럽 국가들에서와 마찬가지로 남성들이 경제권에서 더욱 전통적인 권력을 행사하기 위해 정치에는 관심을 갖지 않으리라고 생각하십니까?

올리비에 뒤아멜 : 우리는 정치에는 비교적 불리하고 경제에는 비교적 이로운 시기에 있습니다. 가치와 부의 창조가 본질적이라는 것이 지배적인 관점입니다. 국가들은 엄밀하게 정치적인 영역의 행동 가능성을 제한하는 세계화의 과정에 있습니다. 저는 그것이 과도기적인 단계라고 생각합니다. 사람들은 정치행동의 수준이 다양하다는 것을 인식하게 될 것이고, 권력 행사의 지역 분할이라는 새로운 형식이 지역적인 차원, 국가적인 차원, 초국가적인 차원 사이에서 자리를 잡아갈 것이기 때문입니다. 그 새로운 형식은 도처에서, 특히 정치의 귀환을 허용하게 될 유럽에서 조직되고 있습니다.

현재의 추세로는 남성들이 정치에 머무르지 않으려 하는 것이 사실입니다. 정치활동이 막대한 보수를 가져다 주는 것이 아니기 때문이지요. 그것은 오히려 사법권의 확대, 극한적인 방식의 정치적 책임감 문제삼기, 여성들과의 경쟁 등 성가신 일만 늘어나는 일입니다. 이 모든 것이 남성들의 행동의 자유가 보다 크고 권력이 그들에게 더 많이 할양되어 있는 영역으로 퇴각하도록 부추기고 있습니다.

그것은 언제까지나 지속될 현상은 아닙니다. 왜냐하면 정치의 복권이 있을 것이기 때문이고, 경제권에서조차도 남성들이 통치권을 독점할 수 없을 것이기 때문입니다. 그들이 적응하면서 보다 개방적이고 집단적이며, 덜 권위적이고 보다 민주적인 통치 형식을 취하는 것으로는 충분하지 않을 것입니다. 남성들과 여성들간의 완전한 경쟁을 받아들이고, 그 경쟁으로 말미암아 미래에는 여성들이나 남성들이나 경제 위정자들이 될 수 있도록 해야 합니다.

FORESEEN : 그러면 귀하께서는 권력에의 여성들의 진출이, 우선적으로 민주주의와 민주주의적 가치들의 실질적인 이행 가능성의 진전이라고 보십니까?

올리비에 뒤아멜 : 저는 토크빌처럼 민주주의 과정은 대단히 강력하고 대단히 길며 절대로 끝나지 않는, 현대 사회들을 이루는 과정이라고 생각합니다. 우리는 민주주의 과정의 새로운 단계에 있고, 그 새로운 가치들은 근본적으로 민주주의 스스로가 하는 타협의 가치들입니다.

초기에 남성들은 신을 대신했고, 조직들을 창설하여야 했습니다. 남성들은 자치(自治)하여야 했고, 권력의 할당 규칙을 정하여야 했습니다. 인간이 신을 대신하고, 상부에서 오는 권력을 권위적으로 통솔하는 창조자를 대신한 것은 대단한 전복이었습니다. 권력의 합법성은 하부에서 왔지만, 권력을 구상하고 실행하는 방법은 계급적이고 권위적인 방법이었습니다. 그것은 원칙에서는 대단히 근본적인 급격한 변화였지만 민주주의를 향한 도정의 절반일 뿐이었습니다.

오늘날 그 원칙에서뿐만 아니라 권력을 행사하는 방법에 있어서도 민주주의는 변형되고 있습니다. 그리고 이러한 변형 속에서 여성들은 그들이 그 변형의 전달자들이기 때문에 완전히 결정적인 역할을 하고 있습니다. 그러나 여성으로서가 아니라 인간으로서 그 역할을 하고 있는 것입니다. 달리 말하자면 21세기의 위대한 변형은 민주주의적 과정의 가속화와 급진화입니다. 그렇습니다. 여성들은 그 변화의 주된 배우들입니다. 하지만 남성적인 가치들에 반하는 여성적 가치들의 변화가 아니라, 민주주의의 쇄신과 심화의 변화입니다. 그 변화는 여성과 남성들이 서로를 구별하지 않고 단지 다 같은 인간으로서 서로를 인식해야 한다는 근심을 공유하는, 본질적으로 인간들의 가치인 그 자신의 가치들의 완수를 통해서 이루어집니다.

FORESEEN : 그렇다면 그것이 휴머니즘의 가치들에 대한 남성들과 여성들의 타협을 통한 휴머니즘의 진보가 될까요?

올리비에 뒤아멜 : 그렇습니다. 그런 의미에서 여성은 남성의 미래가 아니라, 인간의 미래인 것입니다.

FORESEEN : 어떤 지평에서 의미의 변화가 가능할까요? 또 프랑스어에서의 '인권' (les droits de l'homme; 프랑스어로 homme

는 인간이라는 뜻과 동시에 남자라는 뜻이 있으므로 영어에서처럼 '인권'을 표기하려면 les droits de la personne humaine, 또는 les droits de l'etre humaine가 되어야 한다)은, 어떤 지평에서 영어의 '인권(human rights)'이 갖는 의미를 갖게 될까요?

올리비에 뒤아멜 : 그것은 프랑스어가 갖는 표현의 모호함입니다. 인권이 창설되었을 때, 사람들은 '인간의 권리'를 생각했습니다. 사람들은 보편적일 수 있는 용어를 취하면서, 동시에 인류의 절반을 배제해 버리는 용어 선택을 한 것입니다. 그런데 그 의미가 다른 나라들에서조차도 역시 사람들은 똑같은 배척을 했습니다.

저는 평등이 완전하게 이루어지면 용어에 대한 문제가 중요하지 않게 될 것이고, 결국 사람들은 인권(les droits de l'homme)을 인간의 권리(les droits de l'être humaine)와 동일한 것으로 말할 수 있게 되리라고 생각합니다. '인간(homme)'이라는 단어의 이중적 의미는 더 이상 문제가 되지 않을 것입니다. 여성들이 마침내 완전한 평등을 획득하게 될 테니까요.

2

악셀 강즈
Prisma Presse 회장

FORESEEN : 전통적으로 여성 잡지들은 유행과 아름다움에 관심사가 집중되어 있는 경박하고 가벼운 여성을 묘사해 왔습니다. 귀사의 성공은 다른 여성적 가치들도 미디어에서 표현될 자격이 있다는 점을 결국 어느 정도는 입증하고 있습니다. 귀하께서는 그 가치들을 어떻게 정의 내리십니까?

악셀 강즈 : 우리는 단지 여성들의 경박하고 가벼운 측면만을 보지 않았습니다. 그것이 그 설명이 될 수 있겠지요.《프리마》와《팜므 악뛰엘》의 성공은 여성 독자들로부터의, 여성들에게 스스로의 또 다른 이미지를 돌아보게 하는 언론으로부터의 강력한 요구가 존재했음을 입증한 것입니다.

제가 가장 자부심을 갖는 것은, 우리가 대단히 진보된 사회 환경 속에 있는 우리의 독자들에게 충실하면서 15년 넘게 새로운 장르의 그 잡지의 성공을 지속시켜 왔다는 점입니다.

사실 우리는 여성들과 여성지 독자들의 주된 관심사가 유행과 미를 초월하는 지적인 데에 있다고 간주해 왔습니다. 여성들은 다른 기대들을 갖고 있고, 그들의 삶뿐만 아니라 다른 사람들의 삶도 경영합니다. 물론 그들 자녀들의 삶이겠지만, 종종 남편의 삶도 경영하지요! 남편들은 아내들에게 점점 더 많은 책임감과 활동을 위임하고 있습니다. 여성들은 그 책임감들을 기꺼이 맡을 준비가 되어 있다고 우리는 확신을 가졌습니다. 우리는 우리 잡지에서 파트너에게 말을 하듯 그들에게 말을 했습니다. 우리는 우리가 탐구할 수 있는 영역 중 어떤 영역도 배제하지 않았습니다. 《팜므 악뛰엘》은 무엇보다도 일반적인 정보지입니다.

마찬가지로 《프리마》·《팜므 악뛰엘》과 함께 변화한 것은 우리가 여성들에게 말을 건네는 방법입니다. 당시에는 우리가 원하는 말투의 변화를 이해할 수 있는 기자들을 찾아야 했기 때문에 조금 힘들었습니다. 프랑스에서 압도적 다수인 여성 기자들은, 우리가 우리 일간지에서 개발시키고자 하는 언어와 표현의 스타일을 구성하지도 못했고 준비도 되어 있지 않았으니까요. 우리는 전통적인 여성 잡지의 문투로 우리의 담론을 약화시키지 않고, 전적으로 정보를 전달한다는 목표를 달성하고 싶었습니다. 이는 당시 시장 상황과는 다른 급격한 변화였습니다.

FORESEEN : 귀하의 다른 일간지들의 경험을 통해서, 귀하는 여성적 가치들을 남성적 가치들과 비교해서 어떻게 규정하십니까?

악셀 강즈 : 남성적인 가치들과 비교해야 한다면, 잘 모르겠습니다. 관심사가 서로 다르니까요. 사실 우리가 한 일은 여성적인 가치들을 남성적인 가치들과 동등하게 놓는 것입니다. 여성들에겐 훨씬 '저급한' 관심사들을 읽게 하면서, 남성들에게는 가장 긍정적인 가치들을 부여하는 일종의 '차별주의'가 있었으니까요.

FORESEEN : 그런 태도가 유독 프랑스 여성지에만 있었을까
요? 만일 그렇다면 앵글로색슨족 특유의 표현방식과 행동들을 귀
하께서 이 나라에 도입하신 것에 대해서 어떻게 생각하십니까?

악셀 강즈 : 저는 사실 20년 전에는 일반적으로 라틴 사회
들 속에서의 여성의 역할과 인식이 앵글로색슨 세계의 여성
들의 상황에 비해서 어느 정도 그대로 옮겨졌다고 생각합니
다. 당시 그곳 여성들이 사회 속에서 프랑스 여성과는 다르게
행동하고 있다는 강렬한 인상을 받았던 것을 뚜렷하게 기억
합니다. 예를 들면 프랑스 여성은 독일 여성들에 비해 남성적
인 체제에 더 많이 복종해 왔습니다. 저는 그런 차이가 오늘
날에는 훨씬 줄어들었다고 생각하지만 여전히 존재하고는 있
습니다.

FORESEEN : 귀하의 일간지가 그 차이를 완화시키는 데 기여
했다고 생각하십니까?

악셀 강즈 : 우리가 그런 변화를 용이하게 하는 데 기여했
다고 생각하고, 사실대로 말씀드리자면 솔직히 저는 그렇다
고 생각합니다. 제가 결코 잊을 수 없는 일이 있습니다. 우리
는 한 50대로 보이는 여성에게 《팜므 악뛰엘》의 시범호가 무
엇을 상기시켰느냐고 물었습니다. 그러자 그 여성은 이렇게
대답했습니다. "이건 해방의 일간지예요." 저는 그 자리에서
는 언뜻 이해를 하지 못했습니다. 저에게 '해방'이라는 단어
는 일간지의 다른 가치들을 떠올리게 했으니까요. 하지만 이
어서 그 여성은 우리에게 《팜므 악뛰엘》이 아무것도 강요하

지 않고 단순히 선택을 제공하며, 특히 강제 조약을 부과하지 않는다고 설명했습니다. 그 일화는 그 어떤 오랜 연구보다도 훨씬 의미가 깊습니다. 뭔가가 바뀌었다는 것을 단번에 깨닫게 되었으니까요. 그래서 저는 그 일간지 덕분에 그 여성에게는 뭔가가 바뀌었다는 사실을 이해하였습니다. 사실 그것은 일간지와 여성 대중 사이에 생겨난 진정한 상호 작용입니다.

우리는 여성 독자들이 그들의 체중 때문에 콤플렉스를 가지지 않게 하는 최초의 잡지 중 하나였습니다. 당시에는 통용되는 기준에 부합하지 않는 여성들은 강물 속에 뛰어드는 일 외에는 더 이상 도리가 없던 시대였으니까요. 사실 우리 편집부는 언제나 문화적 테러리즘이나 취향의 테러리즘으로 독자층을 지배하기를 거부했습니다. 우리는 그저 여성들에게 뭔가를 이해하고 스스로를 이해하는 방법들을 주고 싶었습니다.

FORESEEN : 귀하께서는 FORESEEN 연구소가 묘사하는 것처럼 여성적 가치들이 도덕적 힘, 감정적 카리스마, 연대적인 팀의 협력 정신, 더욱 미묘한 차이가 있는 사상, 직관적인 인식의 느낌, 현실에 대한 보다 큰 감각에 호소하고 있다고 생각하셨습니까?

악셀 강즈 : 본질적으로 우리 잡지의 여성 독자들의 특징을 이루는 것은, 제가 볼 때는 극단적으로 다른 주제들의 공존으로 표현되는 훌륭한 관용 정신입니다. 독자는 자신이 읽고 싶어하지 않는 아름다움에 대한 기사를 읽어 나가며, 그 기사가 다른 독자들을 매혹시킬 수 있다는 사실을 완벽하게 받아들입니다. 저는 바로 일간지들에 대한 여성들의 이러한 인식이 남성들과 다르다고 생각합니다. 그런 관용은 우리로 하

여금 우리 잡지에서 80년대초에 여성지에서 한번도 다루어진 일이 없었던 주제들을 다룰 수 있게 해주었습니다. 그런 다양한 주제들을 다루면서 우리는 여성들에게 그들이 가지고 있는 다양성을 돌려 주었습니다.

그런데 조금 전 선생께서 하신 질문에 직접적으로 대답하자면, 우리는 언제나 우리의 일간지에서 감수성·감정·감동 등 자신들의 감정적 기능을 고려하지 않는 사람들에게 말하는 방법을 전하고자 했습니다. 우리로선 그것이 관계를 만드는 방법입니다.

FORESEEN : 여성들은 남성들보다 단호한 결단력과 판단력이 부족할까요?

악셀 강즈 : 그럴 수도 있겠죠. 여성들은 덜 단호하고 더 미묘하며 더 관용적이고 더 개방적입니다.

FORESEEN : 우리는 경제적인 위기와 마찬가지로 가치들의 위기와 같은 '위기'를 겪고 있습니다. 귀하의 의견은 어떠십니까? 우리는 이런 위기를 이제는 현재 상황에 적합치 않은 이른바 '남성적인' 가치들의 위기 때문이라고 생각합니다. 그 주제에 관한 귀하의 느낌은 어떻습니까?

악셀 강즈 : 우리가 겪고 있는 위기는 근본적으로 경제적인 것입니다. 선생의 질문에 대답하자면, 진정으로 남성적인 가치들의 위기는 없지만 지켜지지 않는 수많은 약속들 때문에 신뢰도의 위기를 겪고 있는 정치의 위기는 있습니다. 현재까

지 정치가 본질적으로 남성들로 대표되었던 만큼, 남성들은 여성들보다 훨씬 기력이 쇠진했습니다. 여성들은 그때까지 그들에게 금지되어 있었던 그 영역에서 성취 욕구를 느끼는 때에 믿음직하게 나타나고 있는 것입니다.

FORESEEN : 여성들이 과연 정치 수행에 새로운 가치들을 가져올까요? 아니면 권력에는 성별이 없고, 여성이나 남성의 경우에 똑같은 방법으로 실행된다고 생각하십니까?

악셀 강즈 : 목적은 변하지 않습니다. 사회의 가장 커다란 문제인 실업·마약·범죄, 혹은 경제는 여전히 사라지지 않을 것입니다. 정치인들은 언제나 해결책을 찾고 연구하는 것을 소명으로 가질 것입니다. 변할 것이 있다면 그것은 스타일의 문제입니다. 어떻게 해결책을 강구할 것인가? 문제는 여성들이 그들의 동지인 남성들보다 더 믿을 수 있느냐 하는 것입니다.

FORESEEN : 젊은 세대들이 이른바 '여성적인' 가치들에 보다 쉽게 적응한다고 생각하십니까?

악셀 강즈 : 우리의 독자층은 젊은 여성들이 대부분입니다. 저는 그 젊은 독자들이 다른 가치들을 정립시키기 전에 몇 가지 난관에 부딪치게 될 것이라고 생각합니다. 비록 오늘날은 더 이상 논하지 않는 것이지만, 70년대의 페미니즘 운동과 비교할 수 있는 혁명이 있을 거라고는 생각지 않습니다. 그 혁명은 사회에 완전히 흡수되었으니까요. 하지만 여성들에게

서 순환하고 있는 두려움이 있습니다. 그것은 그들이 획득한 것 전체를 위협하고 있는 체제완전보존주의와 과격주의입니다.

　FORESEEN : 귀하의 여성 독자들의 서로 다른 세대들간에는 어떤 인식과 반응의 차이가 있습니까?

　악셀 강즈 : 그 질문에 답하기 위해서 남성적인 예를 하나 들겠습니다. 이것은 대단히 의미 있는 예입니다. 저는 최근에 28세의 젊은 비서를 두었는데, 그는 여성들이 투표권을 획득한 것이 전쟁 이후였다는 사실을 모르고 있었습니다. 그가 볼 때는 그 일이 태고적부터 존재했던 것처럼 너무도 당연했던 것입니다.
　저는 젊은 남성들이 오늘날 더 이상 그들의 아버지나 할아버지와 같은 개념의 질문들을 하지 않는다고 생각합니다. 즉 그들은 더 이상 여성들이나 그들의 자녀들에 대해서 같은 반응을 보이지 않지요. 따라서 우리 젊은 여성 독자들의 정신성과 태도는 더 이상 윗세대들의 그것들과 같지 않습니다.

　FORESEEN : 그러면 귀하께서는 여성적인 가치들이 이미 젊은이들에 의해 공유된 가치들이고, 여성적 가치들과 남성적 가치들이라는 대립이 이제는 낡은 것이라고 생각하십니까?

　악셀 강즈 : 해방을 위한 투쟁은 이따금 지나치게 이루어졌지요. 그것은 비록 그것이 남성들에게는 대단히 성가신 것이었다 해도 피할 수 없었습니다. 하지만 남성들에게 복종하던 시대가 그다지 먼 과거가 아님을 잊지 마십시오. 심지어는

오늘날에도 여전히 스위스의 몇몇 주에서는 여성들에게 투표권이 없습니다.

아무튼 그 이후로 여성들은 훨씬 독립적이 되었고, 무엇보다도 남성들과 동등한 교육과 훈련을 받을 권리를 갖게 되었으며, 따라서 동등한 직업과 동등한 경력을 갖게 되었습니다. 여성들은 스스로에 대해 보다 확신을 갖게 되었고, 더 이상 뭔가를 증명할 필요가 없습니다. 따라서 젊은 여성들은 더 이상 여성들이 입증할 것이 없는 변화된 세계로 들어선 것입니다.

그 결과 오늘날에는 다른 두려움이 생겼습니다. 이제 여성들의 근심거리는 해방이 아닙니다. 그것은 이미 얻었다고 생각하니까요. 이제 여성들이 근심하는 것은 환경과 테러·집단 폭력입니다.

독일에서는 환경 운동의 지도력을 발휘한 이들이 여성들이었습니다. 그것은 아마도 환경 문제에 대한 그들의 극도의 감수성과, 자녀들에게 살 만한 세상을 물려 주자는 그들의 배려 때문이라고 설명될 수 있을 것입니다. 그런 의미에서 본질적으로 여성적인 가치인 삶의 보호는 우리 사회의 지배적인 가치가 되었습니다.

FORESEEN : 그런 폭력은 대단히 남성적인 본질이 아닙니까?

악셀 강즈 : 물론입니다. 하지만 모든 것을 남성들의 책임으로 돌려선 안 됩니다. 만일 선생께서 도시의 폭력이나 테러리즘을 예로 든다면, 여성들도 마찬가지로 연루되어 있는 경우가 허다합니다. 자신들에게 본질적인 관계에 있는 것으로 여겨지는 뭔가를 수호할 때면, 여성들은 남성들보다도 훨씬

폭력적일 수 있습니다.

FORESEEN : 그런 여성적인 호전성은 다른 속성에서 비롯되는 것입니까?

악셀 강즈 : 일부 여성들에게 있어서 그러한 폭력은 안전의 결핍에서 비롯되는지도 모릅니다. 여성들이 개입하기로 결심할 때 그들은 남성들보다 훨씬 더 열정적이고, 흔히 더욱 다혈질적이면서도 덜 정치적입니다. 한편으로 남성들보다 덜 타협적이기도 합니다. 예를 들어 포럼이나 토론회, 또는 기업 위원회에서 그런 모습을 쉽게 볼 수 있습니다.

FORESEEN : 정치에서 여성들이 훨씬 더 효율적일 수 있다고 생각하십니까?

악셀 강즈 : 저는 앞에서 제 의견을 밝혔습니다. 권력 행사에는 스타일의 차이가 있습니다. 여성들은 보다 더 진지하고 진실하게 권력을 행사하고 싶어하는 것 같습니다. 반면에 남성들의 근본적인 원동력은 주로 장기간으로 계산된 전략일 것이고, 그로 인해 그들은 보다 더 신중하고 미묘하게 움직입니다. 그룹 모임에서 우리는, 예를 들어 여성들이 의사를 밝히는 데 있어서 다른 사람들의 관점에 신경 쓰지 않고 훨씬 더 단순하고 직접적인 판단을 한다는 것을 확인했습니다. 하지만 남성들의 경우는 그렇지 않죠. 남성들은 사람들이 그들에 대해 갖는 의견에 심한 공포심을 갖고, 각자 자신의 의견을 표현하기를 망설이며 전문가처럼 보이고 싶어합니다. 남성들은

그들이 스스로에게 부여하는 이미지에 대단히 민감합니다. 여성들은 그런 두려움이 없고, 보다 더 자발적으로 자신의 생각을 표현합니다. 그리고 결정적으로 여성들은 그들 스스로에 대해서 훨씬 더 정직하죠.

하지만 당장으로선 여성들은 아직 충분히 자신을 표현하지 못했습니다. 여성적인 권력은 아직도 낮섭니다. 그렇지만 우리는 아마도 여성들과 함께 정치에서 보다 많은 진실과 투명성을 보게 될 희망을 가질 수는 있을 것입니다.

FORESEEN : 귀하의 그룹에 어떤 유형의 여성적인 경영관리를 정립하셨습니까?

악셀 강즈 : 우리 프리마 프레스는 프랑스에서 가장 많은 여성들을 책임 있는 요직에 배치한 언론기업입니다. 가장 높은 직책의 책임자도 여성이지요. 광고부장과 기획부장과 관리부장도 모두 여성들입니다. 편집부 직원의 여성화는 제가 균형을 맞추기 위해서 오히려 남성들을 모집하는 노력을 기울이도록 요청해야 할 정도입니다. 하지만 모든 그룹에서 그와 같지는 않지요. 저는 절망적일 정도로 남성적인 이사회와 경영위원회를 여럿 알고 있습니다.

FORESEEN : 여성들에게 권력에 대한 최소한의 열망이 있을까요?

악셀 강즈 : 저는 기업들에서 일정 수준에 도달하려면 이따금 희생이 필요하다고 생각합니다. 그것은 직장생활과 가정생

활을 양립하고 싶은 여성들에게는 하기 힘든 일이지요. 어쩌면 그것이 일반적으로 기업의 최고위 수준에 있는 많은 여성들의 약점에 대한 설명이 될 것입니다. 결국 어쩌면 여성들은 허영을 위해 본질을 희생하는 남성들만큼 어리석진 않을 것입니다.

3

안 드 케르바스두에

산부인과 의사이자 작가

FORESEEN : 귀하께서는 이른바 남성적이라는 가치들이 여전히 미래의 가치라고 생각하십니까?

안 드 케르바스두에 : 사회는 점점 여성화되어 가고 있습니다. 그건 확실하죠. 여성들은 자신들의 정체성을 지키려 하면서도 점점 남성적인 정신성을 변화시키려 하고 있습니다. 그 가치들은, 저는 그것을 여성적인 방법이라고 부릅니다만, 점점 더 많이 활용되고 있는 만큼 곧 지배적이 될 것입니다. 그런데 한 가지 확실한 것은, 60년대와 70년대에 경험했던 페미니즘은 선구적인 페미니즘이었지만, 그 요구 사항들은 이미 획득되었을 뿐만 아니라 우리 서구 사회에 받아들여지고 완전히 흡수되었기 때문에 오늘날에는 더 이상 의미가 없다는 점입니다. 여성들은 그 경험을 결코 다시는 돌이키지 않을 것입니다. 가부장적인 사회는 죽었고, 우리는 오늘날 여성적인 가치를 토대로 세워지고 있는 사회에 있습니다.

FORESEEN : 그렇지만 정치계를 보면, 그 사회에서 성공하기 위해서는 여성이 대단히 남성적인 태도와 가치들을 받아들여야 한다는 사실을 알 수 있습니다. 그 점은 귀하의 의견과 조금 다르지 않을까요?

　안 드 케르바스두에 : 현실적으로 여성들이 그 부분에 반박하고 있고, 또 그에 맞서 반박해야 한다고 소리 높여 강하게 주장하면서도 남성적인 태도와 기준을 받아들이고 있는 모습을 목격하게 됩니다. 사실 일부 여성 정치인들의 의사 선언을 그들의 실질적인 태도와 비교해 보면 꽤 흥미롭습니다. 그 차이는 종종 놀라울 정도죠. 그럼에도 여성들은 보다 인간적이고 실용적으로 삶에 대해 접근하기 때문에 미래에는 여성들이 그런 부분들을 발전시키리라고 저는 믿습니다. 여성들이 사람들의 고정관념에 훨씬 더 가까이 다가서고 있는 국부적인 규모에서는 벌써 그렇게 되고 있는 반면, 남성들은 보다 추상적인 정치 개념과 실무를 고수하고 있습니다. 결국 여성들의 정치적 비전이 우세할 것입니다.

　FORESEEN : 어찌되었든 여성들은 권력과 성공에 있어서 남성들보다 거리가 먼 관계를 유지하고 있는 것 같은데요. 그 이유는 무엇일까요?

　안 드 케르바스두에 : 이제 그 점에 대해서 말씀을 드리겠지만, 어디까지나 산부인과 의사로서입니다. 여성의 위력과 위대함·신비를 만들어 내면서도 여성을 제약하고 있는 요소는 바로 여성이 아이를 낳는다는 것, 즉 임신입니다. 저는 그 모습을 매일 봅니다만, 임신은 남성만큼 지적이고 정당한 이유가 있는 한 여인을, 지도자의 면모를 갖추기 위해서 직업적으로 출발한 한 여인을, 남성적인 성공방식에 대해서 추론하는 한 여인을 임신을 하는 그날부터 근본적으로 변하게 만듭니다.

　임신한 여성은 갑자기 자신의 야망·경력·성공 등 모든 것의 절대성을 부인합니다. 제가 진찰실에서 만나는 여성들은 갑자기 그들의 임신상태를 지키기 위해서, 그들의 아기를 돌볼 수 있도록 더 시간을 갖고 싶어하고, 또 그 시간을 충분히 활용하고 싶어합니다. 우리 사회에서 어머니의 직분을 도맡아 하고 있는 것도 여전히 여성들이죠! 아이가 병이 나면 그 곁을 지키는 것도 여성들이고, 아이가 공부하도록 감시하는 것도 여성들이며, 제일 처음으로 아이가 겪게 될 역경들을 감지하는 것도 여성들입니다.

　임신으로 인해 감정적인 그 새로운 투자가 생겨나고, 이어 모성에 의해 완전히 패가 갈립니다. 출산 이후에 여성들은 직업적인 성공과 가정생활의 완수 모두를 자신의 인생에 포함시킵니다. 그런 점에서 여성들은 그러한 분할선을 모르는 남성들보다 훨씬 더 많은 재주를 부리게 되지요. 바로 그렇기 때문에 제가 매일 만나는 여성들이 유독 긴장하고 있는 것입니다. 그들은 너무나 많은 일들을 동시에 맡아 하고 있으니까요. 그들은 모든 것을 잘 해내고 성공시켜야 한다는 강박관념을 안고 있습니다. 그래서 그들은 아침부터 밤까지 자신들의 의무와 직업적인 책임감에 맞서기 위해, 뿐만 아니라 그들의 아이가 최고의 유치원이나 최고의 초등학교에 다니도록 하기 위해 종종걸음을 치며 바쁘게 움직이는 것입니다.

　FORESEEN : 하지만 그 여성 세대의 힘이 바로 거기에 있지 않습니까?

안 드 케르바스두에 : 그들의 힘이고, 남성에 대한 대단히 커다란 우월성이기도 해서 어떤 사람들은 자신들의 책임감 속에 그와 같은 다양성을 떠맡는 것을 두려워하기도 합니다. 하지만 그 힘은 사회에서는 가치를 부여받지 못합니다. 아직도 가치를 부여받지 못했고, 앞으로도 계속 그러는 한 결정권을 쥔 직책이나 동일한 임금 획득에 있어서 언제나 남성들에 비하여 여성들은 뒤질 수밖에 없을 것입니다. 일부 영역에서 오늘날 남성들과 동일한 임금을 받고 있는 여성들은 자녀가 없거나, 아니면 경력을 시작하기 전에 대단히 일찍 자녀들을 키워냈다는 점을 알아야 합니다. 하지만 그런 인물 유형은 점점 더 드물어지고 있습니다. 우리는 여성들이 직업활동을 하고 싶다면 점점 더 어렵고 긴 공부를 해야만 한다는 단순하고도 정당한 이유 때문에 자녀를 점점 더 늦게 낳는 사회에 있기 때문이지요. 실제로 여성들은 25-30세의 남성들과 임금과 경력이 동등하다가도 임신으로 인하여 갑자기 그 상황이 전복됩니다.

FORESEEN : 자신의 영역을 영구히 확보하면서, 그로 인해 배척을 일삼는 남성들과는 반대로 여성들은 그들이 어머니이기 때문에 훨씬 더 보편적인 다른 방식을 취합니다. 배척을 거부하는 이러한 보편적인 가치들이 우리의 공통된 미래라고 생각지 않으십니까?

안 드 케르바스두에 : 오늘날에는 이사회의 분위기나 정당의 입장 표명을 바꾸는 이들이 종종 여성들이지만, 저는 그런 행동의 차이들은 근본적으로 생물학적인 차이에 기인한다는 관점을 놓쳐선 안 된다고 생각합니다. 호전성과 남성적인 폭력을 결정짓는 것은 남성들의 테스토스테론(정소에서 만들어지는 남성 호르몬의 하나)의 비율이고, 그 비율은 50대 이후에 그들이 일을 그만두었을 때에야 비로소 낮아진다는 점을 잊지 마십시오! 남성은 자신의 생식력을 증명해야 하는 영구적인 입장에 있으며, 그러기에 발기 같은 여러 가지 수단들을 가지고 있지만 발기는 영구적일 수 없습니다. 따라서 남성은 다른 행위나 몸짓들을 통해 자신의 생식력을 일깨워 주어야 하고, 권력은 일종의 발기 대용품입니다. 남성들은 그들의 생식력을 과시해야 할 영구적인 필요성으로 인해 고통을 받기도 하지만, 그들은 그것을 증명하지 않으면 안 됩니다. 이것이 남성들이 배척하지 않으면 안 되는 처지에 있을 수밖에 없음을 설명해 줍니다. 그들은 영구적으로 증명하려고 하기 때문에 다른 이들을 쓰러뜨리는 것입니다. 여성들은 그런 감정을 가지고 있지 않습니다. 여성들은 그들의 여성성을 증명할 필요를 늘 느끼지는 않습니다. 아이를 갖는 것만으로도 이미 여성들의 내면에서는 여성성이 꽃피고 절정에 달하는 것이죠. 여성들은 영역의 경계를 정해야 할 필요가 없습니다. 이러한 생물학적인 토대는 결코 바뀌지 않을 것입니다. 새로운 질서가 생기기까지는 아이를 낳는 것은 언제나 여성들일 테니까요.

여성들은 오늘날, 어쩌면 서구 역사상 최초로 이러한 보편적인 가치들을 도입할 수 있게 되었습니다. 그것을 위해서 남성은 그들이 영구적으로 증명하려고 애쓰는 그 생식력의 대체물을 찾아야 할 것입니다. 또한 남성은 그 자신의 가치를 높여 주는 여성적인 역할들을 수행할 수 있어야 할 것입니다. 바로 그런 조건에서 여성적인 가치들의 결정적인 도래가 있을 것입니다.

FORESEEN : 2010년에 유럽의 노동력은 60%가 여성이 맡게 되리라는 것이 현실입니다. 미래의 경제 세계는 남성적인 힘보다는 여성적인 자질을 더욱 필요로 할 테니까요. 남성들은 점점 더 직장을 구하기가 어려워질 것입니다.

안 드 케르바스두에 : 그러한 관점은 비록 놀랍긴 하지만 그다지 흥미롭진 않군요. 당장은 여성들이 그들의 이중적인 활동들을 병행해 나가기 위해서 혹독하게 고생하고 있다는 사실을 잊어서는 안 되기 때문입니다. 여성들은 어머니로서 만족감을 느끼지 못하고 있습니다. 제가 만나는 어머니들은 매일 밤 어머니가 돌아와서 기뻐하기보다는 유모가 떠나는 것을 더욱 슬퍼하는 자녀를 보면서 가슴에 못이 박힙니다. 그리고 여성들은 남성들만큼 임무를 맡지 못하기 때문에 직업적으로도 만족감을 느끼지 못합니다. 어쨌든 이것이 오늘의 현실입니다. 이런 현실을 헤쳐 나가려면 여성들이 무엇보다도 자녀들에 대해 갖는 부담감을 덜어야 합니다. 교대제 작업이 필요합니다. 남성들이 자녀들 곁에서 하는 그 역할을 수행할 수 있어야 합니다. 그 일이 자신의 가치를 떨어뜨리는 일이라고 생각지 말아야 합니다. 그리고 그러기까지는 우린 아직도 멀었습니다.

FORESEEN : 그렇지만 그런 현상은 이미 존재하고 있고, 어쩌면 하나의 사회현상의 시초인지도 모릅니다.

안 드 케르바스두에 : 그런 현상이 존재하긴 하더라도 대단히 주변적이고, 일부 젊은 아버지들에게만 한정되어 있습니다. 그들은 대체로 사고하고 성찰하는 지식인들이므로 그들의 사회적 유형은 조금 다릅니다. 그들은 대개 집에서 일할 가능성이 많고, 그런 상황에서라면 가치가 떨어진다고 느끼지 않기 때문이죠.

FORESEEN : 우리는 오늘날 경제적 위기를 힘겹게 벗어나긴 했지만, 여전히 사회적 위기와 정치적 위기에 처해 있습니다. 여성적인 가치들이 이러한 위기에도 해결책을 가져다 줄 수 있으리라고 보십니까?

안 드 케르바스두에 : 남성적 가치들은 수행 능력과 효율성, 그리고 이따금은 견유주의에서 구축됩니다. 전 그런 가치들이 오늘날 사회에서 발생하는 문제들에 해결책을 제시할 수 있는 척도라고는 생각지 않습니다. 여성은 보다 인간적인 다른 화법을 구사하고, 연민과 연대성과 도움을 만들어 냅니다. 여성은 행동하거나 결정하기 전에 말하거나 담판짓는 것조차 주저하지 않습니다. 대개는 친밀한 말을 통해서 여성은 인생에 있는 많은 것들을 실어나릅니다. 자녀와 환자, 그리고 죽음에 임박한 사람들을 돌보는 것은 여성들입니다. 늙은 부모나 시부모를 돌보는 것은 오늘날에는 50세 또는 60세의 나이든 여성들입니다. 여성들은 고통·절망 또는 그저 단순하게 연약함이 무엇인지를 압니다. 그들은 말을 통해서 세상과 그 세상에서 고통받는 인류의 현실을 없앨 줄을 압니다. 남성들과 특히 남성 정치인들에겐 그런 능력이 없습니다. 그들은 자신들의 체계화와 추상과 개념에 매혹을 느끼는 포로들입니다. 저는 그들이 그런 역할에서조차 믿을 만한지 확신할 수 없습니다. 현실과 실용주의, 그리고 정치 담론의 현장성이라고 부를 수 있는 것을 도입하는 것이 바로 여성이고, 오늘날에 중요한 것이 바로 그것입니다.

FORESEEN : 그럼에도 불구하고 남성들이 여성적 가치들을 통합하지 않았습니까?

안 드 케르바스두에 : 다행히도 그렇지요! 그래서 사회가 차츰차츰 다시 균형을 이루게 될 것입니다.

FORESEEN : 균형의 회복은 그러니까 여성적 가치들의 출현을 통해서 가능하다는 말씀이군요.

안 드 케르바스두에 : '출현'은 적확한 표현이 아닙니다. 여성적이라고 말씀하신 그러한 가치들은 이미 존재하고 있기 때문입니다. 간단히 말하자면, 저는 그러한 가치들이 남성과 여성이 뒤섞인 사회집단 전체에 의해 승인되고 채택되리라고 생각합니다. 저는 많은 남성들이 그 가치들에 동조하고는 있지만, 자신들이 평가절하되고 나약해질 것을 두려워하여 그 가치들을 짓밟고 있다고 확신합니다. 만일 그들이 단번에 연민·직관·이해력 또는 감수성이라는, 여성적인 특질로 된 그런 감정과 태도들의 가치를 기꺼이 받아들인다면 더 이상 남성적인 가치들을 필요로 하지 않는 이 사회에서는 모든 것이 근본적으로 바뀔 것입니다. 그러면 남성들은 어쩌면 되는 대로 내

맡기는 편을 택하겠지요.

FORESEEN : 오늘날까지도 남성적인 사고가 여성적인 사고를 경멸하고 있다고 생각하십니까?

안 드 케르바스두에 : 경멸이라고까지 말할 수 있을 진 모르겠지만, 그 점에 있어 우리는 확실한 진보를 경험했습니다. 정치는 제외해야겠죠, 최근에 보았던 것처럼……. 어떤 면에서 알랭 쥐페는 정치에서 자신의 생각을 말하고 결정하며 모든 것을 책임지는 능력만을 갖는 전통적인 가정의 아버지처럼 처신했습니다. 사실상 그는 모든 것을 책임졌습니다. 첫째로 실패와 인기 하락에 대해서 말입니다. 더 여성적인지는 모르겠습니다만, 조스팽은 그의 전임이었던 쥐페의 태도에서 교훈을 얻었던 것 같습니다. 그는 휘하 장관들의 가치를 부각시킬 줄 알며, 그들에게 권력을 위임할 줄을 알고 있거나 아니면 적어도 배워 나가고 있는 중입니다. 그런 통합작업은 제가 보기에 남성적인 태도보다는 여성적인 태도와 가치에 더욱 많이 속해 있는 것 같습니다. 여성들은 경청하고 대화를 나눕니다. 그리고 사회적인 관계를 본질적으로 보장해 주는 것이 바로 그런 경청과 대화라면, 어떤 면에서는 사회를 만드는 것은 바로 여성들이라고 할 수 있죠.

FORESEEN : 젊은 세대들이 옛세대들보다 여성적인 가치들의 비약적인 발전을 더욱 용이하게 할 수 있다고 생각하십니까?

안 드 케르바스두에 : 그렇게 생각합니다. 제가 표현하는

것은 견해나 직관, 어쩌면 바람일지도 모르지만, 그렇다고 해
도 전 놀라지 않을 겁니다. 지금 스물여덟 살난 제 아들과 며
느리 그리고 딸의 예를 든다면, 그들은 발전하고 있는 모습이
보입니다. 물론 그들에게 일이 중요하긴 하지만, 그들은 예순
여덟의 어머니처럼 되지 않으려는 의지를 보입니다. 그들은
화해의 열망을 가지고 있습니다. 우리 아이들의 세대가 어머
니들의 요구 사항, 이따금 결정적으로 부부들의 위기를 유발
했던 여성들의 요구 사항으로 인해 고통을 받았다는 사실을
감추어선 안 됩니다.

　그 세대가 우리들만큼 부부간의 위기를 겪게 될지는 미지
수 아닙니까? 어떻든간에 그들의 유형은 이제 우리와는 다르
고, 그 세대의 남성들은 그들의 아버지들에 비해 발전했습니
다. 예를 들면 그들은 자녀를 돌보는 일을 보다 쉽게 받아들
이고, 그들의 아내나 동거인에게서 전혀 예전과 같은 복종을
기대하지 않습니다. 또 젊은 여성들의 경우, 여성들은 일을 하
고 학업에 몰두할 수 있으며 경제적으로도 독립적입니다. 하
지만 그 여성들은 어머니로서의 권리 또한 요구합니다. 사실
상 우리는 차츰차츰 이 두 성간의 관계의 평정을 목격하고 있
고, 어쩌면 지금 우리는 진정한 부부의 평형에 도달해 가고 있
는지도 모릅니다.

　FORESEEN : 그렇다고 해도 여성들이 남성의 진지로 돌격하느
라고 그들의 정체성의 일부를 포기했다고는 생각지 않으십니까?

　안 드 케르바스두에 : 우리의 저서(자닌 모수즈 라보와 공
저한 《다른 이들처럼 남성이 아닌 여성들》)에서 고찰했던 것이

바로 그런 비관적인 시나리오입니다. 북아메리카의 시나리오라고 부르는 것이죠. 여성들이 그들의 권리를 붙잡고 늘어지며 남성들과 똑같은 것을 요구하고, 그러다가 갑자기 그들의 여성적인 정체성을 포기하고 차츰차츰 자녀를 적게 낳다가 급기야는 결정적으로 가정의 가치를 절하시킨다……. 있을 수 있는 이야기죠. 하지만 전 그런 일이 있으리라고는 생각지 않습니다. 그것은 인류에겐 생존의 문제인 것입니다.

FORESEEN : 귀하께서 보시기에 여성적인 가치들의 출현에 대한 가장 명백한 신호는 무엇입니까?

안 드 케르바스두에 : 제가 지금 말하려는 것이 어쩌면 너무 단순한 견해로 들릴 수도 있겠습니다만, 저는 바로 전쟁의 소멸이 그 신호가 될 거라고 생각합니다. 인간의 생명의 가치는 남성에게보다 여성에게 있어 훨씬 무한히 높습니다. 여성은 고통을 겪으며 자신의 육체에 아이를 품습니다. 그리고 여성은 사람이 죽는 것을 보는 것조차 참지 못합니다. 예를 들면 남성들과 똑같은 거리를 두고 영화를 볼 때도 그렇죠. 모든 죽음은 바로 자기 아이의 죽음이 될 수도 있기 때문입니다. 다시 이 대담 초기에 제가 이야기했던 여성적인 보편주의로 돌아갑시다.

FORESEEN : 여성적 가치들의 도래를 가속화하고, 귀하께서 조금 전에 설명하신 새로운 균형에 도달하려면 우리는 어떻게 행동해야 하는 걸까요? 그런 가속화는 정치적인 명령에 속하게 될까요? 아니면 사회문화적인 명령이나 경제적인 명령일까요?

안 드 케르바스두에 : 저는 모든 것이 정치적이라고 생각하는 경향이 있습니다만, 그 단어에 대단히 광범위한 의미를 둡니다. 서구 사회에서 여성적인 가치들의 출현을 법제화하려면 구체적인 결정을 내려야 할 것입니다. 법에서도 마찬가지이겠지요. 이 모든 것은 매우 정치적인 겁니다. 그래서 일부 여성들이 할당량을 위하여 투쟁하는 거지요. 그 여성들은 우리가 살고 있는 사회적·정치적 틀이 사실들과 행동들의 현실과 동위상에 있으려면 지금 자발적인 대책을 강구해야 한다고 생각하는 경향이 있습니다. 어떤 일이 있어도 성별간의 전쟁은 피해야 하지만 여성들이 영원한 패자가 아니라는 조건에 한해서죠. 니콜 노타가 그때까지만 해도 남성적이었던 책임있는 요직에 도달할 수 있었다는 단순한 사실을 위해 감내해야 했던 것은 대단히 비굴한 것입니다. 마르크 블롱델은 아마도 남성적인 가치들의 명예를 건 마지막 싸움일 것입니다.

4

프랑수아즈 드 빠나피외

의회의원

FORESEEN : 이른바 남성적인 것이라 불리는 가치들은 여전히 미래의 가치들인가요?

프랑수아즈 드 빠나피외 : 세계와 인류 정신성의 진보와 관계가 있다는 이유 때문에, 아득한 옛날부터 대단히 호전적이었던 남성적인 가치들은 오늘날 더 이상 통용되지 않습니다. 그 가치들이 다시는 화제에 오르지 않기를 바랍시다.

이런 진보는 반복되는 주제로 계급투쟁을 갖는 일부 정당들의 정치 담론을 통해서도 느껴집니다. 오늘날 투쟁이라는 말은 더 이상 같은 어의(語義)를 갖지도 않을 뿐더러 사회계급의 개념에 관계되지도 않습니다. 정치계의 그런 호전적인 양상은 어떤 면에서는 여성들에게 그 세계를 닫아걸고 있었습니다. 오늘날 명령권에 있었던 우리 같은 이전 세대는, 그때까지 우리가 누렸던 호전적인 가치들이 더 이상 통용되지 않는다는 사실에 적응하는 데 어려움을 겪고 있습니다. 사실상 젊은 세대들은 사회의 가치들을 이루기 위해 이른바 여성적인 가치들에 적응했습니다.

FORESEEN : 귀하께서 생각하시기에 그 여성적인 가치들은 무엇으로 구성되어 있습니까?

프랑수아즈 드 빠나피외 : 그 가치들은 전통을 전수하는 형태인 분배·연대성을 토대로 하고 있습니다. 하지만 그 가치들은 더 이상 여성들만의 소유물이 아닙니다. 예전에는 남성이 전쟁터로 떠나고 여성은 그들에게 주어진 온갖 신비로운 측면으로 삶을 수호했던 반면에, 오늘날 남성들은 자신들 역시 인류의 수호자가 되기를 바라고 있습니다. 많은 것들이 진보했습니다.

FORESEEN : 오늘날 귀하께서는 젊은 세대들에게서 커다란 발전을 감지하고 있습니다. 권력이 여성적인 가치들에 따라 실행되는 것을 보려면, 그 젊은 세대들이 권력에 도달해야 하는 걸까요?

프랑수아즈 드 빠나피외 : 저는 그런 일들이 이미 진행되고 있다고 생각합니다. 그리고 성급히 샴페인을 터뜨려서는 안 되겠지만, 우리는 이미 그 전투에서 승리를 거두었다고 생각합니다. 그렇다고 그 전투가 완전히 끝났다는 말은 아닙니다. 오늘날 남성들에게 사회 속에서의 여성들의 위치에 대해서 묻는다면 그들 대다수는 그 정도면 이미 충분히 향상되었다고 생각하는 반면, 여성들은 아직 충분치 않다고 생각할 것입니다. 이는 우리가 앞으로도 더욱 세심하게 주의를 기울여야 한다는 사실을 입증하는 것입니다.

그래도 오늘날 여성들의 진보라는 측면에서 두 가지 사실은 근본적으로 변화되었습니다. 첫째로, 여성들은 가장 높은 단계에서 권력을 행사할 수 있다는 사실을 철저히 깨달았습니다. 둘째로, 젊은 여성들은 그들의 아버지와 객관적인 친구 사이가 되었습니다. (제 딸은 아버지를 친구로 생각하고, 또 그렇게 지내고 있습니다. 25세 정도의 그 또래 세대 여성들은 대체로 그렇습니다.) 오늘날은 어떤 아버지도, 심지어 '고전적인' 아버지조차도 딸의 공부가 아들의 공부보다 중요하지 않다고는 전혀 생각지 않습니다.

가족들의 양태도 발전했습니다. 예전에는 노처녀라는 말이 완전히 경멸의 뜻을 함축했던 반면에, 오늘날 아버지는 자신의 딸이 독신의 삶을 선택할 수도 있다는 사실을 매우 잘 알고 있습니다. 부모들은 그들의 딸이 미래에 굳이 자신들이 살았던 삶의 방식을 답습할 필요가 없다고 생각합니다. 오늘날 아버지가 전하는 말은 딸에게 할 때나 아들에게 할 때나 다를 바가 없습니다. 즉 이런 것이지요. "열심히 공부해서 시험에 합격해라. 그러면 너의 미래는 보장될 것이다. 네가 앞으로 어떻게 될지는 아무도 모르는 거란다."

FORESEEN : 그러니까 젊은 여성들과 젊은 남성들이 똑같이 취급된다는 겁니까?

프랑수아즈 드 빠나피외 : 요즘은 진급할 때도 여자들과 남자들의 수가 똑같다고 합니다. 부모들이 그들의 딸에게 쉽지 않은 진로를 가도록 부추기고, 심지어 견디기 어려운 직업을 시작할 수 있도록 이끄는 모습도 볼 수 있습니다. 20년 전만 해도 여성 외교관은 생각하기 힘든 것이었죠.

그렇지만 경제계는 여전히 남성의 보루처럼 여겨집니다. 프랑스 경제의 대기업 총수 중에는 여성이 한 사람도 없습니다.

고작 여섯 명의 여성들이 자문위원회에 소속되어 있을 뿐이죠.

FORESEEN : 스웨덴에서는 여성들이 실제로 정치적 권력을 행사하고 있지만, 이것은 결과적으로 근본적으로 경제활동에 가치를 부여하는 남성들에 의한 정치의 분리를 초래했습니다. 이런 스타일의 반응에 대해서 어떻게 생각하십니까?

프랑수아즈 드 빠나피외 : 선출되고자 하는 남성 또는 여성들의 수가 언제나 임명되는 직위보다 월등히 많다는 점에서, 남성들이 여성이 경쟁 상대로서 다가오는 것을 좋게 보지만은 않는다는 점을 이해해야 합니다.

FORESEEN : 여성들이 권력의 세계를 통합하려면 남성들의 영역에서 남성적인 가치들로 싸워야 하는 걸까요?

프랑수아즈 드 빠나피외 : 아니오. 저는 말씀하신 남성적인 가치들이 더 이상 시의 적절하지 않다고 생각합니다. 오늘날은 우리의 전통적인 여성적 가치들이 더 이상 사회에 의해 여성적인 부분으로서가 아니라 전체적인 부분에서 회복되었다는 사실을 인정할 수밖에 없습니다. 그렇다면 우리 여성들보다 누가 그것을 더 잘 구현시키고 잘 이야기할 수 있겠습니까?

우리는 순풍에 돛단 듯 나아가고 있습니다. 우리 여성들은 보다 관대하고, 보다 투쟁적이며, 사람들과 보다 친근하고, 우리 자신이나 타인을 위해서조차도 보다 야심차다고 인정받습니다. 따라서 남성들은 우리와 타협하는 것을 배우거나, 아니면 스스로 사회의 대열에서 그들 스스로 빠지든지 해야 할 것입니다. 그러니 그들은 극히 주의를 해야 하고, 또 노력을 해야 할 것입니다.

FORESEEN : 귀하의 말을 제가 잘 이해했다면 여성적 가치들을 나누는 것은 남성들의 몫이라는 것이겠군요?

프랑수아즈 드 빠나피외 : 정치에서 남성들은 시스템과 운영방식을 바꾸어야 합니다. 그들은 여성들이 문제에 접근하는 방법대로 여성들의 담론에 보다 주의를 기울여야 합니다.
최근 몇 년 동안에 가장 인상 깊었던 실례 중 하나는 노타 부인의 예입니다. 육체적으로나 말로 공격을 받을 때에도 꿋꿋함과 용기를 잃지 않고 남다른 방법으로 말하고, 행동하고, 동참했죠……. 최근 들어 그녀가 무례한 일을 당했을 때, 국민 전체가 분개하는 태도를 주목했습니다. 보다 독특한 것은 제 아버지(80세)나 남편(53세), 또는 아들(26세와 20세)처럼 각각 다른 세대 남성들의 태도였습니다. 오늘날의 남성들은 여성들과 마찬가지로 그런 식의 태도를 더 이상 용납하지 못하고 있습니다.

FORESEEN : 어쩌면 사회계층에 따른 태도의 차이도 있을 텐데요?

프랑수아즈 드 빠나피외 : 저는 그렇게 생각지 않습니다. 남성들은 세대나 사회계층이 어떻든간에 여성들과 자신들의 딸들을 달리 생각하도록 배웠습니다. 아버지나 남편인 남성들은 오늘날 여성들이 겪는 일에 대해 자신들이 직접적으로 관계된 것으로 느끼며, 저속하거나 비열하고 무례한 공격에 상처를 입습니다. 그 여성이 자신의 아내나 어머니 또는 딸이 될 수도 있다고 생각하기 때문이죠.

FORESEEN : 여성적 가치들은 정치계의 운영을 어떻게 발전시킬까요?

프랑수아즈 드 빠나피외 : 정당들——오늘날까지도 유권자의 태도가 보다 보수적인 극우파 정당들의 경우는 어떤 망설임이 있다는 한계에서 다소 혼란스러운 경향이 있는——에서는 한 가지는 용인됩니다. 다가올 지역 선거에서처럼 적어도 피선거 자격이 있는 여성들을 규합하지 않고 연기(連記) 투표에 나서면 그 문제의 투표를 신뢰하지 않는 것이죠. 유권자들은 분명히 더 많은 여성들과 새로운 두뇌들이 선출되기를 원합니다. 피선거 자격이 있는 여성들과 함께 한다면, 이번에야말로 다음 선거에서는 단호히 평등한 걸음을 떼어 놓을 것이 틀림없습니다.

FORESEEN : 그것이 정당들의 기능을 변형시키리라고 보십니까? 또 그렇다면 어떻게 변형시키게 될까요?

프랑수아즈 드 빠나피외 : 여성들은 그들의 즉각적인 정치 활동에 대해서 그다지 몰두하지 않는 편입니다. 여성들은 보다 실용적이고, 교리의 이기적이고 편협한 면에 그다지 유혹되지 않으니까요.

여성에게는 거의 의무적인 작동방식으로 여러 가지 삶을 동시에 끌어가는 습관이 있습니다. 우리는 여러 개의 활줄을 가지고 있습니다. 부부 사이에는 으레 그런 법이라고 사람들이 아무리 말해도, 아이가 매번 드는 겨울 감기에 걸렸을 때 부부 중에서 남성은 문을 닫고 나가면서 보다 쉽게 그 문제에서 자유로워지는 반면에, 여성은 온종일 아이의 간호에 자신이 관여해야 한다고 느끼게 되지요. 그렇게 우리는 이따금 발병이나 난관·스트레스를 유발할 수 있는 그 모든 것을 감수하며 여러 가지 삶을 병행해 나가는 데 익숙해 있습니다.

FORESEEN : 여성들의 직업적인 투자가 완전하지 않다는 말씀이십니까?

프랑수아즈 드 빠나피외 : 아니오, 완전합니다. 전 그저 우리가 더 많은 능력을 가지고 있고, 게다가 다른 시간 개념을 가지고 있다고 생각합니다. 우리는 본질에 접근하는 데 익숙하다는 겁니다. 우리는 인생을 사는 데 빼앗길 시간이 없습니다. 실제적이어야 하고 엄격하고 조직적이어야 합니다. 우리가 가지고 있는 작동방식이 이따금 보다 효율적이라고 저는 감히 생각합니다……

FORESEEN : 여성적 가치들의 도입이 정당생활과 대단히 짧은 정치생활에서 초래하게 될 변화의 구체적인 예를 들어 주시겠습니까?

프랑수아즈 드 빠나피외 : 저는 본질적인 토론에 익숙하지 않았던 한 정당 출신입니다. 지도자, 부족, 그 부족에의 소속에 대한 강한 개념들을 가진 다소 호전적이라고 평가할 수 있는 정당이었지요. 그러던 어느 날 그 정당에 제가 바랐던 것보다는 더뎠지만 어쨌든 여성들이 도착했고, 그 여성들은 사물을 보는 다른 태도를 가져왔습니다. 그 여성들은 부족의 개념을 부정하지 않았습니다. 다만 그들은 '난잡한 논쟁'에 찬성하지 않았습니다. 그들은 아무 어려움 없이 유권자인 열성분자에게 가서 당의 입장을 설명하고, 찬동하기에 아직 성숙하지 않은 사람들과 건설적인 대화를 나누었습니다. 그 여성들은 그 정당보다는 그 운동에 종사하고 있는 겁니다.

FORESEEN : 귀하의 정당 남성들은 그런 변화를 어떻게 체험하고 있습니까?

프랑수아즈 드 빠나피외 : 그들은 스스로를 재검토해야 하는 데에 따라 어려움을 겪고 있지만 실질적인 노력이 이루어지고 있습니다. 그들은 바보도 아니고, 노인도 아니니까요. 그들은 정신성의 변화를 깨닫고 있습니다. 하지만 낡은 사고는 멀리 있는 것이 아니니, 계속 유의해야 합니다.

FORESEEN : 귀하께서는 전통적으로 남성적인 것으로 여겨져 온 가치들이 이젠 어디에도 적합하지 않다고 말씀하셨습니다. 그렇다면 오늘날의 사회문화적인 위기에 그 가치들이 책임이 있다고 생각하십니까?

프랑수아즈 드 빠나피외 : 아니오. 저는 그 책임을 우리 세계의 진전에 돌립니다. 저는 오늘날 국민들이 다양한 사고를 한다고 생각합니다. 사람들은 다양한 관심사들을 가지고 있으니까요. 지금으로부터 그리 멀지않은 시대에는 기어코 자신의 영역을 지켜야 했고, 국가나 민족이 중심적인 개념이었습니다. 하지만 오늘날의 사회에서는 더 이상 그런 것들이 이전과 동일한 의미를 갖지 않지요.

우리 세대(저는 49세입니다)는 전쟁을 경험해 보지 않은 첫 세대입니다——저는 여기서 제 경우를 이야기하고 있는 것입니다. 그러한 사실은 필연적으로 제 사고와 세계에 대한 인식 체계에 영향을 미쳤고, 그것은 전쟁을 겪지 않은 제 세대 남성들의 경우도 마찬가지일 것입니다. 그렇기 때문에 분배·연대성, 본질적으로 여성적 가치들인 삶의 수호라는 가치들이 승리하는 것이죠.

위임 겸직에 대한 것과 같은 토론을 할 때, 정당들은 단순한 책임 개념을 훨씬 능가하는 토론을 할 수 있어야 합니다. 거기에서 나머지 국민과 함께 분배와 연대성의 개념들을 찾을 수 있을 겁니다. 그것을 이해하지 못하는 남성과 여성들은 상당히 긴 시간 동안 스스로 거리를 두게 될 것입니다.

시민들은 한 가지 직업만을 가지고 있는, 그러니까 한 가지 직무만을 갖는 당선자들을 원합니다. 게다가 이제는 같은 시대를 살고 있는 수많은 사람들이 길 끝에 내몰리고 있는 반면에, 남성이건 여성이건 한 정치인이 많은 직책을 축적하고 있다는 사실을 어느 누구도 이해하지 못합니다. 오늘날 그 어떤 가정도 그런 불안한 감정에서 벗어나지 못하고 있으므로, 더 이상 어느 누구도 눈썹 하나 까딱 않고 여러 가지 직무와 책임과 의무를 잔뜩 쌓아 놓고 있는 사람들을 선출하려고 하지 않습니다. 이제 우리 앞에는 전환기가 놓여 있습니다.

FORESEEN : 귀하의 견해로는 이른바 여성적인 가치들을 획득한 남성 또는 여성 정치인들의 새로운 프로필로 어떤 것이 있습니까?

프랑수아즈 드 빠나피외 : 국민들이 당선자들에게 요구하는 것은, 이제 더 이상 최고계급이 되라는 것이 아닙니다. 정치인은 청렴하고 직관력이 있어야 합니다. 그건 너무도 자명한 일입니다. 다시 말하자면 국민의 기대를 알고, 그의 연설 속에서 그것을 해석해 낼 줄 알며, 무엇보다도 그 기대에 부응할 줄을 알아야 한다는 것입니다. 그리고 만일 당선자가 조금은 당당하게 그 일을 할 수 있다면, 그것도 괜찮겠지요.

FORESEEN : 귀하께서는 그런 당당함을 남성적인 가치로 분류하십니까, 여성적인 가치로 분류하십니까?

프랑수아즈 드 빠나피외 : 니콜 노타에게는 당당함이 부족하지 않죠, 그렇지 않습니까?

FORESEEN : 권력은 본질적으로 남성적입니까?

프랑수아즈 드 빠나피외 : 힘 또는 분노로 권력을 행사하는 사람은, 자신의 무리에 대한 존경이 없는 자입니다. 왜냐하면 그 무리는 그러한 지나친 과시 뒤에 약점이 숨겨져 있다는 것을 알고 있기 때문이죠. 권력이 진정한 지식, 진정한 일, 팀의 개념과 대화의 의지 위에 세워지는 그때부터 권력은 여성적 또는 남성적 가치가 됩니다. 오늘날엔 원인을 알고 해결할 수 있으며, 어려움에 처할 때도 내던지지 않고 자신의 선택에 대한 책임을 질 줄 아는 사람에 의해서만 권위가 행사될 수 있습니다.

국민은 주어진 어떤 순간에 자신들을 이끌 줄 아는 어떤 인물에게서 지도자의 진정한 모습을 보는 것이고, 오늘날 그런 인물은 남성이 될 수도 있고 여성이 될 수도 있습니다.

FORESEEN : 여성적 가치들은 정당구조 속에서 무엇을 발전시킬까요?

프랑수아즈 드 빠나피외 : 저 개인적으로는 정당이라는 단어를 별로 좋아하지 않고 운동이나 연합이라는 말을 선호합니다만, 제 정당을 살펴보면서 현재까지는 지구 대표를 제외한 지방이나 도 대표들 또는 사무국장들처럼 권력을 쥐고 있는 사람들은 선출되는 것이 아니라 임명된다는 사실을 알았습니다. 그런 사실은 용납하기 어려워졌고, 나머지 부분처럼 정치적인 운동의 경우도 사정은 마찬가지입니다. 혁명을 일으키거나 민주화될 수 없다면 열성 분자들뿐만 아니라 국민 전체로서도 더 이상 신용할 수 없습니다.

그렇기 때문에 우리는 운동 대표나 '연합'의 지역 책임자의 선거를 보통 투표로 하여 보다 원대한 민주화로 나아가기 위하여 우리의 위상을 변화시켰습니다. 우리는 지금 올바른 길로 들어서 있다는 사실을 저는 진심으로 믿습니다. 그 길에서 우리는 연대성과 분배의 개념들을 되찾게 될 것입니다.

5

크리스티앙 뿌조

Peugeot의 마케팅 책임자

FORESEEN : 앞으로의 자동차 문화를 어떻게 보십니까?

크리스티앙 뿌조 : 보편화된 영속적인 다른 소비 상품들과 비교할 때, 자동차는 '예외적인 대상'으로서의 위치를 보존하고 있습니다. 자동차는 사실 개개인의 이동을 위해 중요한 역할을 맡고 있고, 중요한 개인적인 표현의 벡터로 남아 있습니다.

우리가 조사한 바에 의하면 자동차는 다른 모든 사회현상들과 관계가 있습니다. 비록 '운전의 기쁨'이라는 것 자체는 조금 떨어졌지만 말입니다.

80년대 중반에는 경제 위기와, '뿌조 GTI'와 같은 자동차에 대한 열광의 종말과 함께 자동차가 보편화되어 순수하게 실용적인 물건이 될 수 있었습니다.

그렇다고 사실 꼭 그렇게 된 건 아닙니다. 여전히 운전자와 그의 차 사이에는 대단히 강한 감정적인 차원이 있습니다.

자동차는 기동성이라는 일차적인 기능을 넘어서서 개인적인 표현의 버팀목으로 남을 것입니다. 비록 그 표현이 오늘날 덜 호전적이고 더욱 은밀한 형태를 띠고 있더라도 말입니다.

자동차는 더없는 독립과 자율과 해방의 상징이기도 하지만,

한편으로는 갈수록 거주의 연장으로 여겨지고 있기도 합니다.

따라서 사람들은 달리는 즐거움과 가변성·실용성의 가치들에 더욱 집착하고 있고, 이것들은 충만하고 조화로운 개인적인 행복과 편안함을 추구하는 경향에 부응하고 있습니다.

다른 한편으로 증가하는 공해나 사고와 같은 문제들에 대한 범국민적인 우려에도 불구하고, 운전자들은 자동차의 개인적인 사용을 지나치게 중대한 방법으로 문제삼지 않는 해결책을 제시하는 공권력과 제작자들을 기다리고 있습니다.

실상 한편으로 그들이 자유와 이동과 개인의 표현이라는 자기 자신의 자동차에 대해 갖는 대단히 긍정적인 관계와, 다른 한편으로 일반적으로 자동차가 점점 더 문제(정체현상·환경·사고)의 근원으로서 제시된다는 생각 사이에는 역설적인 상황이 있습니다.

현실적으로 미래의 자동차 문화는, 물체에 대한 지나친 집착과 공해에 민감한 우려 사이의 모순을 관리해야 할 것입니다. 비록 새로운 상품들을 통해 자동차 공해가 줄어들고 있다 하더라도 말이지요.

자동차는 개별적으로 운전자들의 욕망을 계속하여 충족시켜 나가는 동시에, 집단적으로도 자동차에 책임이 있는 폐해들을 줄여 나가면서 개인적인 자율성이라는 긍정적인 수단으로서 통합되어야 할 것입니다.

FORESEEN : 환경 폐해를 해결하기 위한 진보를 어떻게 보십니까?

크리스티앙 뿌조 : 자동차는 그것이 가진 폐해들을 줄여 나

갈 것입니다. 하지만 미래에 전기 자동차만 다닌다거나, '사고 제로-소음 제로'에 도달하게 될 것이라고만 생각해서는 안 됩니다.

반대로 우리는 자동차가 더 이상 폐단이나 위험 요소로 인식되지 않고, 사회적으로 훌륭히 제어되고 용인되는 범위 안에서 자유와 자율성을 가져다 줄 수 있도록 충분히 유형들을 발전시킬 수 있습니다.

제작자들은 그에 대해 연구하고 있고, 우리는 몇 해 전부터 전기 자동차 개발과 하이브리드 동력화를 거치면서 해결책 개발에 막대한 양의 금액을 투자했습니다.

사실 우리는 미래를 위한 발판을 연구해야 하고, 자동차가 미래에 도시와 조화롭게 동화될 수 있도록 해야 한다는 사실을 고려하고 있습니다.

게다가 오늘날 시속 60킬로미터로 달리는 자동차 한 대는, 우선 주행 소음과 이어서 모터 소리를 통해 청각적으로 인식되고 있다는 점을 알아야 합니다.

FORESEEN : 자동차에 성별이 있습니까? 흔히 자동차는 마초라고 합니다. 자동차의 표현에 대해서 말씀해 주시고, 또 나라별로 차이가 있는지도 말씀해 주십시오.

크리스티앙 뿌조 : 처음에 그것은 인간의 장난감이고, 우리는 어린 소년이 자연히 작은 장난감에 끌린다는 사실을 확인하게 됩니다. 반면에 어린 소녀들은 그들의 어머니가 운전을 하는 경우라도 그렇지 않습니다.

그것은 명백히 전형적으로 남성적인 동경에 부응하는 대상이기도 합니다. 외부를 향한 분출, 힘의 표현, 동력화와 기계와 속도에 대한 취향에 부응하죠.

자동차는 우선 주로 남성들에 의해서, 오로지 남성들에 의해서 인식되고 상업화되었습니다. 즉 남성적으로 탄생했다는 것입니다.

기계적인 차원, '기술자들을 위해 기술자들에 의해 생산된' 측면은 오랫동안 지배적이었습니다.

80년대는 일부 사회적인 성공과 GTI를 연합시키면서, 문화적으로 소위 '남성적인' 가치들이 자동차를 지배하던 때에 절정을 이루었던 자동차의 '마초'의 특성을 확대했습니다. 개인주의와 호전적인(타인들에 대한) 자기 주장, 경쟁과 위험에 대한 취향, 절대성에서 기록과 속력(빨리 사는 것)에 대한 유혹, '사회적으로 선동적인'(사회적인 생활 정도·호화로움·위력……) 가치들을 경유하여 타인을 지배하고자 하는 의지가 바로 그런 것들입니다.

오늘날 자동차는 진보하는 중이고, 단일 공간이라는 개념은 그것의 최상의 예증입니다.

그 개념은 명백히 여성적인 본질을 나타냅니다. 왜냐하면 공기 속을 관통한다는 생각을 버리고, 따라서 최적 규모를 계획한 힘에 대한 생각을 버리고 용적과 내부 공간의 개념에 가치를 부여하기 때문입니다.

단일 공간은 오늘날 자동차 상품 속에 구현된 매우 구체적인 여성적 존재의 표상입니다.

보다 유희적이고 보다 '여성적'인 것으로 느껴지면서 흔히 자동차 같지 않다고 인식되기도 하는 미니 자동차나 카브리올레(덮개를 뗄 수 있는 차)에 비해 보면, 그 단일 공간은 '진짜 자동차'로 자부하면서 여성적인 가치들을 진정으로 통합했습니다.

오늘날 자동차 업계에는 여성들의 힘의 상승과, 증가된 고객의 고령화를 이용하여 다른 가치들이 뒤를 잇고 있습니다. 사회적 윤리, 감각의 필요, 보다 은밀하고 덜 호전적인 자기 확인("나는 구입한다, 고로 존재한다"에서 "나는 존재한다, 고로 나는 구입한다"로)의 가치들이죠.

이런 진보는 유럽에서는 다양한 각도로 확인됩니다. 그리고 미국은 자동차 세계의 고령화와 여성화의 견지에서 앞서고 있습니다.

FORESEEN : 단일 공간의 판매에서부터 라틴 국가들과 앵글로-색슨 국가들 사이에 차이가 있다고 보십니까?

크리스티앙 뿌조 : 남유럽 국가들은 단일 공간에 아직 현실적인 위치를 주지 않았습니다.

그렇지만 그 나라들은 우선 소형차들, 선험적으로 더욱 여성적인(뿐만 아니라 경제적으로도 가격이 저렴한) 소형차들의 시장입니다.

FORESEEN : 커뮤니케이션의 차원에서 귀하께서는 여성적인 가치들의 표현을 향한 발전이 있다고 보십니까?

크리스티앙 뿌조 : 네, 그럼요. 안전과 기능성, 자동차 내부의 편안함, 환경 존중은 오늘날 드러나고 있는 커뮤니케이션의 주제들입니다. 반면에 10년 전에는 대다수 자동차 회사들

이 그런 부분을 발전시키지 못했죠.

FORESEEN : 〈뿌조 205 GTI 제임스 본드〉의 광고 필름이 공개된다면 사람들에게 충격을 줄까요?

크리스티앙 뿌조 : 상품들 자체의 개념 속에 여성적 가치들이 도래한다는 것은, 자동차 생산의 남성적 가치들 전체를 삭제하려는 것이 아닙니다.
오늘날 우리는 여성적 가치들을 고려하는——모든 자동차들은 스포츠 카라 하더라도 적극적으로건 수동적으로건 안전의 영역에서는 발전하고 있습니다——동시에, 남성적 가치들을 향해 강하게 방향을 맞춘 탈것(강력하고 활동적인 자동차 등등)들의 제공을 허용하는 시장에서 다양한 자동차 개념들을 가지고 있습니다.
모든 자동차들이 CX에 무감각한 단일 공간이 되지는 않을 겁니다.

FORESEEN : 보다 폭넓게 일반적인 사회와 관련하여, 귀하께서는 남성적인 가치들이 위기에 처해 있고, 오늘날의 문제들을 해결하는 데에 적합하지 않다고 생각하십니까?

크리스티앙 뿌조 : 더 이상 외부를 향해 있지 않고 '전쟁을 치르도록' 조직되어 있지 않은 사회, 더욱 복잡한 내부 문제에 보다 관심을 기울이고 보다 민주적인 사회는 내부관계 전체의 관리를 최적의 규모로 계획해야 하는 사회입니다.
무엇보다도 그런 사회는 여성적인 본질을 갖고 있습니다. 적

응해야 하고, 실제적이어야 하며, 모든 영속적인 자잘한 위기들을 '모성적이고' 원활히 가동되는 분위기 속에서 겪어낼 수 있도록 해야 하기 때문입니다.

우리는 이제 적에 맞서 싸우기 위해 '전사'들을 조직해야 하는 사회환경 속에 있지 않습니다. 그보다는 좀더 인간적이고 감성적인 방법으로 해결하도록 애써야 하는 일상적인 문제들을 다루는 사회 속에 있지요.

실상 그런 사실들은 중요하지만, 그 사실들을 실천하는 방법들의 중요성이 더욱 강조되고 있습니다.

어쨌든 저는 우리가 경제 전쟁을 치르고 있다고 덧붙여 말하고 싶습니다. 그리고 그 위험은 쉽게 눈에 띄지 않을 것입니다. 사회 문제들에 대한 '모성적인' 관리로 인해 대륙간에 벌어지고 있는 경제 전쟁의 존재를 잊어서는 안 됩니다.

FORESEEN : 여성적인 가치들이 우리 사회 속에서 중요성과 권력을 차지할 것이라고 생각하십니까?

크리스티앙 뿌조 : 물론 그렇습니다.

날이 갈수록 더욱 '복잡해지는' 사회에 맞서서, 중대한 사회 변화의 테두리 안에서, 이른바 남성적이라는 가치들은 그 한계(합리적인 이지주의, 냉정함, 호전성, 명령적인 권위, 지배)를 드러내고 있습니다.

남성적인 가치들은 이제 더 이상 조직의 다른 도표들을 향해 사회의 '효율적인' 변화에 유리한 조건들을 창조, 또는 재창조할 수 없습니다.

이른바 여성적인 가치들은 분명 이러한 실제적인 변화의 상황에 보다 잘 적응합니다. 그 가치들은 보다 많은 유연성·순응 능력·외교술·참여 능력을 가져다 주기 때문이죠.

까다롭고 게다가 냉혹하기까지 한 맥락 속에서 감정 표현·인간성·연민을 향한 개방은 중요한 으뜸 패입니다.

여성적 가치들은 '보이는 것보다 더 많이 존재하는' 영향력 있는 권력, 사회를 '조종'하고 동화시키는 능력을 통해 더욱 발전될 것입니다.

노타 부인이 CFDT(프랑스노동민주동맹)의 총재로 임명된 것은, 조합이나 정당과 같이 전통적으로 '남성 우월주의'적인 구조 한가운데에 개입된 정신성 변화의 상징입니다.

일이 이루어지고 결정되는 곳에 더 많은 여성들이 통합됨으로써 여성적 가치들이 구현될 더 많은 기회를 갖게 될 것입니다.

또한 여러 기관에서의 남녀 혼합이 문제 접근에 있어서도 혼합적 특성을 만들어 내며, 여성적 가치들이 남성들의 정신을 포함하여 더욱 제대로 통합될 수 있게 해준다는 사실도 잊어서는 안 됩니다.

FORESEEN : 그것이 예상되는 새로운 공유 가치체계라고 보십니까? 젊은 세대들은 여성적 가치들과 남성적 가치들의 균형을 그들의 삶과 사회에서 발전시킬까요?

크리스티앙 뿌조 : 다음 요소들은 젊은 세대들이 이른바 '여성적인' 가치들을 더 용이하게 하리라고 생각케 해줍니다. 즉 거의 일반적인 남녀공학 학교, 정신적으로 덜 경직되고 더 많이 참여할 수 있는 교육체계의 발전, 고학력과 엘리트 수준의

균형(유럽의 고학력 학생의 50%는 여성입니다), 아버지의 '절대권력'의 종말(가부장제의 재검토)이라는 요소들이 그렇죠.

현재의 이런 보다 혼성적인 접근은 남성들 자신의 행동 규범에 대해서는 일관성을 갖지만, 반대로 활동적인 삶에 합류하는 여성들은 남성들보다 더 많이 싸워야 하고, 이른바 '남성적인' 여러 특성들을 나타내야 합니다.

그것은 실상 이론의 여지가 없는 연통관이죠.

하지만 이 모든 것은 국제적인 상황에 달려 있기도 합니다. 즉 정치적·군사적 또는 경제적 계획에 대한 평화나 위기에 달려 있는 것입니다. 그런 외적인 요소들은 분명히 한 사회 속에서 여성적 가치들과 남성적 가치들 사이에 확립되는 균형에 영향을 미칩니다.

FORESEEN : 오늘날 많은 여성들이 일하고 있는 뿌조사에서는 그 조직과 기능, 다양한 마케팅과 연구 부서들에서 무엇이 달라졌습니까?

크리스티앙 뿌조 : 직업환경에서 저는 대단히 과단성을 요하는 요직에 오르는 여성들이 늘어 간다는 사실이 점점 더 어떤 원칙들을 확산시켜 주리라고 생각합니다. 직장생활과 가정생활의 균형을 이루게 해주고, 생산성을 더욱 용이히 하기 위하여 지나치게 서열적인 구조와 관계를 유연화시키는 보다 우수한 일의 조직화를 말입니다.

자동차에서 유통되어 있는 저울판의 개념과 함께 그것은 꼭 필요한 비서열적이고 비군사적인 가치들입니다.

그 가치들은 복잡한 경영에 보다 여성적으로 접근할 때 더욱 훌륭히 통합될 수 있고, 그것은 예상할 수 있는 반박들을 최적의 규모로 산출하기 위하여 상반된 명령으로 된 갖가지 구속들을 통합하는 능력을 통해서 가능합니다. 문제들은 연속적인 방식으로 보다 적게 제기되고, 비용과 유예 기간과 지급된 수당 수준 사이의 효율적인 중재와 해결책은 오늘날 여성적인 순종의 복잡한 경영에 속합니다.

게다가 보다 폭넓은 경청·인내·끈기를 토대로 그룹작업을 용이하게 하는 직원 참여 경영관리는 비서열적인 횡단 시스템이 기능할 수 있도록 해줍니다.

요컨대 생산품 자체의 수준이 어떻든간에 고객 또는 기업 조직과의 관계를 통하여 우리는 여성적인 가치들이 발전되었고, 전체적으로 자동차 활동에 영향을 미치고 있음을 확인합니다.

그 일례로 마케팅 부서에 있는 실제적인 간부들 중 3분의 1은 여성들입니다.

FORESEEN : 그렇다면 여성적인 가치들이 고객의 욕구를 더욱 잘 이해하게 하겠군요?

크리스티앙 뿌조 : 자동차에는 두 가지 접근방식이 있습니다. 1) 자동차 생산품과 문제들에 대한 기업적이라기보다는 전통적인 접근방식, 2) 고객의 소리에 귀를 기울이는 보다 현실적인 접근방식입니다. 두번째 접근방식은, 자동차의 개념을 발전시키고 지속적인 끈을 이음으로써 품질의 관계를 용이히 하고자 하는 고객들의 기대를 더욱 잘 이해할 수 있습니다.

FORESEEN : 결국 자동차의 가치와 실행에 적응한 것이 여성들이라거나, 또는 자동차가 여성들과 그들의 감수성·태도·가치들을 발전시켰다는 말씀이십니까?

크리스티앙 뿌조 : 방금 거론하신 것 가운데서 후자라고 말씀드리고 싶군요. 여성들이 이미 우리의 활동에 강한 영향을 미친 만큼 더욱 그렇죠.

예전 여성들은 정말로 여성들을 위해서 고안되었던 것이 아닌 상품들에 익숙해 있었다면, 오늘날에는 제작자들이 그들의 욕구의 특수성을 고려하고 있습니다.

자동차 생산품의 경우, 구매에 있어서 여성 고객의 증가하는 영향력이나 가족 형식의 선택에 따른 결과로 '외적 가치들'(사회적 위상, 생활 정도, 표현)의 약화, 개인적 표현 가치들(라이프 스타일, 즉 개성의 주장)의 강화, '내적 가치들'(사용 특권, 기쁨, 사용의 용이함)의 확립, 그리고 개인의 존중에 집중된 가치들의 발전(안전한 승차와 보호, 아이들의 안전, 환경 존중)이 있습니다.

그런 개념들은 생산품 자체로서만이 아니라, 사회 속의 여성적 가치들의 상승에 따른 효과를 보다 잘 반영하는 커뮤니케이션을 통한 생산품의 강조 전체를 고려한 것입니다.

FORESEEN : 여성적인 생산품과 남성적인 생산품의 분할이 있습니까?

크리스티앙 뿌조 : 자동차의 분할은 오늘날 많은 수의 고객 대상을 고려합니다. 일반적으로 여성들이지만 역시 젊은

이들과 고령자들도 있습니다. 그리고 일반적으로 요구되는 기능성도 고려하지요.

우리는 이제 자동차가 일반적인 욕구에 부응해야 한다고 여겨지는 시장에 있지 않습니다. 우리는 보다 정확한 대상과 더욱 잘 이해된 활용에 따라서 자동차 개념들을 발전시키게 되었습니다.

사실 모든 소형 또는 대형 자동차도 여성들이 활용할 수 있으므로, 우리는 여성들이 쾌적하게 활용할 수 있는 상품들을 개발했습니다.

FORESEEN : '남성적'인 자동차로 특징지어지는 수요가 있다고 느끼십니까?

크리스티앙 뿌조 : 오늘날 기능성에 초점을 맞추었건, 아니면 그 힘이나 남성성에 맞추었건, 모든 자동차는 사용의 즐거움이라는 가치를 통합했습니다. 그리고 단일 공간처럼 여성적인 가치를 보다 강조한 자동차들은 해결책과 고성능의 운전 성적을 동반할 필요가 있습니다.

우리는 여성 또는 남성을 나누어 추론하지는 않습니다. 다만 여성이 그 일부인 다양화된 고객에 대해서 추론을 하지요. (유럽에서는 신형 자동차의 구매 중 30% 가량이 여성들에 의해 이루어집니다.)

오늘날 우리는 오로지 남성들만을 위해서 자동차를 만든다고 생각할 수 없습니다. 모든 상품은 분명히 확인된 욕구에 적응되어야 하고, 그 요구들 중 일부는 전형적으로 여성적입니다.

우리는 여성이 무시할 수 없는 자리를 차지한 고객의 기대
에 따라 상품을 고안합니다.

크리스티앙 뿌조 153

6

알랭 드 뿌질락

Havas Advertising 그룹 회장

FORESEEN : 남성적인 가치들이 위기를 맞았다고 생각하십니까?

알랭 드 뿌질락 : 남성적인 가치들이 위기를 맞았다고는 생각지 않습니다. 전형적인 함정에 빠져서는 안 됩니다. 오늘날의 남성적인 가치들은 전쟁과 전투라는 예전의 본질적인 가치들 속에서 뿌리를 찾습니다. 과거에는 전쟁이 자유를 보증했고, 남성들의 가치는 인간 공동체의 승리와 수호를 보증했습니다. 오늘날 남성적인 가치들을 그 점에만 국한시켜 재생시킨다면, 그렇습니다. 그 가치들은 더 이상 세기말의 현재 세계에는 부합하지 않습니다. 남성적인 권력의 정당화가 본질적으로 군사적이었던 시대는 더 이상 존재하지 않습니다. 남성들은 발전했습니다. 충분하지는 않겠지만 반세기 동안 그들은 중요하고 의미 있는 방식으로 발전했습니다. 오늘날 아버지의 역할은 더 이상 50년 전 아버지의 역할과 아무런 관계가 없습니다. 그것은 이른바 남성적인 가치들과 여성적인 가치들 사이에 생겨난 혼성적 특성 때문입니다. 간단히 말해서 남성적 가치들을 전쟁의 가치들과 그 모든 기준들에 국한시키는 것은 제가 보기에 지나치게 속단하는 것입니다. 그리고

만일 정말 그렇다면 저 역시 그 가치들이 위기를 맞았다는 사실에 기뻐할 것입니다. 하지만 그렇지 않습니다.

FORESEEN : 그러면 귀하께서는 긍정적일 뿐만 아니라 필요하기도 한 그런 다른 남성적인 가치들이 무엇이라고 설명하시겠습니까?

알랭 드 뿌질락 : 아버지에 대한 이야기로 돌아가야겠군요. 아버지의 역할은 변화되었습니다. 아버지는 여전히 아버지여야 합니다. 자녀들에 대한 심리적인 균형에서도 마찬가지입니다. 하지만 제 주위를 둘러보면, 아버지는 그들 자신의 아버지가 그랬던 것보다 확실히 덜 권위적이고 덜 엄격하며 덜 지도적입니다. 오늘날 저는 아버지가 공감을 얻고, 대화와 경청과 설득의 감각, 타협적인 태도를 가지고 자녀들과 가까이 지내는 모습을 자주 봅니다. 예전의 아버지와 같은 식으로 행동하지 않죠. 여성적인 가치들이 남성적인 가치들보다 우위를 차지한 걸까요, 아니면 남성적인 가치들이 시간이 흐르면서 사회와 함께 진보한 걸까요? 전 오히려 후자 쪽을 믿습니다. 80년 전부터, 전후 기간이기도 했던 두 대전 사이를 포함시킨다면 어쩌면 14-18년 전쟁의 종말 이후로 남성들의 태도 한가운데에서 이미 서서히 발전이 이루어졌습니다. 사회적 현상들은 언제나 우리에게 새로운 것처럼 보이지만, 그것들이 무엇보다도 서서히 무르익은 성숙의 결과라는 시각을 잃어서는 안 됩니다.

FORESEEN : 21세기에 들어서기 위해 필요한 사회 변화에 맞서서, 귀하께서는 여성적 가치들이 우리 사회에서 중요성을 가지리라고 생각하십니까?

알랭 드 뿌질락 : 사회학자들이 설명하는 것처럼 여성적 가치들이 대화와 설득·타협·경청·인내·찬동의 가치들이라면, 그렇다면 반박할 수 없이 그렇죠. 여성적 가치들은 점점 더 자리를 잡아 갈 테고, 그러면 더 바랄 나위가 없죠! 우리는 형식주의가 지배적이 되어가는 동안 극단적인 시기를 체험했습니다. 예를 들어 명령과 맹목적인 복종, 이 모든 것이 인간적인 현실보다 더욱 중요했습니다. 전 장차 행복하게도 인간들이 중요한 역할을 하게 되리라고 생각합니다. 그 결과 오늘날 사회학자들은 여성적인 가치들이 구현한 가치들의 중요성을 주목했습니다.

FORESEEN : 어찌되었든 우리는 엄밀히 여성적이지도, 그렇다고 남성적이지도 않은 새로운 공유 가치체계를 향해 가게 될까요?

알랭 드 뿌질락 : 그럴 거라고 생각합니다. 인생에서 늘 그렇듯이 성공하는 것은 균형이요, 정량이 잘 맞추어진 일종의 혼성적인 특성입니다. 따라서 우리는 이른바 여성적인 가치들과 이른바 남성적인 가치들 사이의 진정한 균형을 목격하게 될 것입니다. 여성적인 가치들이 남성들에 의해 일부 선매권으로 획득되었고, 남성적인 가치들이 여성들에 의해 일부 선매권으로 획득된 데에 따라 그 균형은 이미 존재하고 있습니다. 그것은 꾸준하고 진보적인 교환입니다. 저는 아주 단순하게 풍습의 역사적인 진보가 존재한다고 생각합니다. 대체로 느

려서 눈에 띄지 않는 그런 진보는 환경과 기술적인 발전, 사회적인 변형 등등에 따라서 이루어집니다. 그리고 모든 사람들이 그것을 누리지요!

실상 우리는 그렇게 해서 반세기 전부터 사회학자들이 '문명작업'이라고 부르는 것을 목격하고 있습니다.

FORESEEN : 다른 측면에서, 귀하께서는 여성들이 남성적인 가치들을 받아들이면서 변화되었다고 생각하십니까?

알랭 드 뿌질락 : 어떤 면에서는 그렇습니다. 사실 저는 가족이라는 영역 밖에서 존재하기 위해서는, 여성들이 그들의 정체성을 잃지 않으면서 남성적 가치들을 받아들여서 내부에 감추어야 한다고 생각합니다. 시대 상황에 따라 여성들이 더 많은 용기와 결단력을 보일 필요가 있기 때문입니다. 골다 메이어를 예를 들어 생각해 본다면, 사람들은 오랫동안 그녀가 이스라엘 정부에서 유일한 사람이라고 생각했었죠……. 대단히 놀라운 여성이었습니다!

마찬가지로 제가 조금 전에 말씀드렸던 풍습의 문명화 과정은, 어떤 면에서는 남성들이 이른바 여성적 가치들을 받아들여 내부에 감추도록 강요했습니다. 하지만 여성적 가치들의 승리를 많은 여성들이 정부에 들어서는 것으로 귀결시킨다는 것은 제가 볼 때 불합리합니다. 오늘날 우리가 보고 있는 것은 우리 서구 사회의 이런 느린 변형들 가운데 한 표현에 불과합니다.

FORESEEN : 기업에서는 정복이라는 남성적 가치들과, 직원들의 '경영관리'에 필요한 여성적 가치들을 어떻게 타협할 수 있을까요?

알랭 드 뿌질락 : 우선 가치들의 교환이 가장 강하고 빠르게 이루어지는 것은 가정에서이고, 패션이나 요리와 같은 일부 활동 영역에서는 보다 소극적으로 이루어집니다. 가장 커다란 영역은 전통적으로 교묘하게 그 두 가치들의 균형을 이룰 줄 알았던 남성들에게 속해 있지만, 부수적인 것에 그쳤습니다. 반면 기업에서는 지난 15년까지만 해도 남성적 가치들이 지배적인 가치, 즉 권위주의·서열의 존중·위협 그 자체였다는 사실에 이의를 제기할 수 없습니다. 오늘날 이른바 여성적 가치들은 가정 다음으로 기업을 잠식하는 중이고, 그건 멋진 일입니다! 이제 다음 보루인 정치권을 넘어서는 일이 남았지요!

FORESEEN : 귀하께서는 기업 한가운데에서의 여성적 가치들의 출현이 어떻게 표현된다고 보십니까?

알랭 드 뿌질락 : 오늘날 기업에서는 더 이상 대화나 양보·경청 없이는 결정을 내릴 수 없습니다. 기업의 총수는 이제 파트너들이 그가 내린 결정의 적합성을 납득하지 않은 상태에서 자신의 선택을 강요할 수 없습니다. 이런 행동 규범의 새로운 규칙들을 무시하는 것은 벽에 달려가서 부딪치는 일이나 다름없습니다. 그런데 이런 모든 경청·인내·양보·신념의 미덕들은, 사회학자들의 말에 의하면 남성적인 가치라기보다는 여성적인 가치들이라는 것입니다.

FORESEEN : 그러한 기업의 변화·적응이 기능의 효율성을 해치면서 이루어지지는 않을까요? 특히 우리가 오늘날 겪고 있는 세계 경제 전쟁의 분위기 속에서 말입니다.

알랭 드 뿌질락 : 대화나 신념·가까움이 효율적이지 않다고는 말할 수 없습니다. 정반대로 여성들——여성들이 그 자신에게서만 우리가 말하는 여성적 가치들을 구현한다면——은 효율성 그 자체이고, 그것은 그들이 자신들의 삶을 이끌어가는 방식에 대해서만 그럴 것입니다. 오늘날 여성은 자녀들과 자신의 직업적인 삶과 개인적인 삶을 동시에 맡아 해야 합니다. 그런 다중적인 임무에 맞서서 여성들은 효율성·실용주의, 그리고 놀라운 현실주의를 입증하고 있습니다. 만일 여성들이 그럴 마음만 있다면, 여성들은 그 효율성을 기업의 번영을 위하여 아무 어려움 없이 기업에 전달할 수 있습니다.

FORESEEN : 여성적 가치들을 획득한 기업을 어떻게 정의 내리시겠습니까?

알랭 드 뿌질락 : 국제적인 야심이 있는 기업들은 성공하기 위해서 대화·경청·타인에 대한 존중·인내심·이해심과 같은 것들을 개발시켜야 할 것이고, 그런 것들은 근본적으로 여성적인 가치들로 분석됩니다. 반면에 남성적인 권위주의는 새로운 시장 정복이 기업의 생존에 필수 불가결해진 세계화된 경제 테두리 속에서 완전히 시대에 뒤진 것이고 적합치 않은 것으로 여겨집니다. 그 시장들은 종종 잡다하게 우리와는 다른 행동 규범이나 습관들에 부응합니다. 하지만 우리는 그런

것들을 구성하고 존중해야 하지요. 어떤 면에서는 그 시장들이 그들 가운데에서도 서로 달라 마치 어머니가 일상적인 종합을 이루게 되는 한 가정의 일원들과도 같습니다. 그런 경청과 종합 능력은 장차 세계 시장을 정복하게 되는 기업들의 부를 이루게 될 것입니다.

FORESEEN : 프랑스에서는 여성적 가치들이 어떻게 진정한 정치적·사회적 리더십에 이를 수 있을까요?

알랭 드 뿌질락 : 다시 제기되는 그 질문은 우리가 여성적 가치들이라고 부르는 것이 무엇보다도 여성들에 의해 구현되는 것인지, 아니면 남성들에 의해서도 구현될 수 있는 것인지, 또는 둘 다에 의해서인지를 알아야 합니다. 개인적으로 저는 둘 다에 의해서라고 생각합니다. 다시 말하지만 저는 혼성적 특성을 믿습니다. 금세기말에는 젊은이들의 문화적인 혼성적 특성이 낡은 성별간의 전쟁을 초월하리라고 생각합니다.

FORESEEN : 결국 귀하의 의견으로는 공유된 새로운 가치체계가 정치계를 획득한다는 말씀이시군요? 이미 다른 사회적 삶의 영역들을 획득했던 것처럼 말입니다.

알랭 드 뿌질락 : 그렇습니다. 그 질문에 솔직하게 대답하자면, 프랑스 정치계는 여지없이 뒤처져 있습니다. 반면에, 예컨대 영국의 경우는 여성 대표로서의 자격성이 '침투'되어 있습니다. 하지만 다시 한 번 말하지만, 저는 여성 사회학자들이 분석한 여성적 가치들과 남성 사회학자들이 분석한 남성적

가치들은 명백히 구분되어야 한다고 생각합니다.

조금 전에 우리는 아버지의 진보에 대해서, 그리고 기업의 진보에 대해서 이야기했고, 지금은 정치 영역에 대해서 논하고 있습니다. 저는 그런 진보의 순서가 바람직하다고 생각합니다. 분명 프랑스 정치계는 대단히 남성 우월주의적인 세계로 남아 있으니까요. 하지만 다른 영역에서와 마찬가지로 그 진보는 피할 수 없는 것입니다. 남성 정치인이 만일 당선되고 싶다면, 그것이 그의 궁극적 목표라면 그는 자신의 카리스마를 사용하여 필수 불가결하게 된 타협안을 세우는 방법과 설득하고 납득시키며 경청하는 방법을 배워야 할 것입니다. 어떤 면에서 여성적 가치들은 남성 정치인의 미래라고 할 수 있습니다!

되풀이하여 말하지만 서서히 이루어지는 풍습의 진보는, 남성/여성의 대립이라는 희화에 빠지지 않는 한 도저히 환원될 수 없는 남성과 여성이라는 양극 사이의 가치들의 교환을 이끌어 냅니다.

FORESEEN : 광고계와 언론계는 여성들이 성공한 두 개의 영역이라고 흔히 말합니다. 귀하께서는 그 이유가 무엇이라고 생각하십니까?

알랭 드 뿌질락 : 소비자들의 의견과 그들의 진보, 그들의 기대에 끊임없이 귀를 기울여야 하는 세계이기 때문입니다. 소비자를 통해서, 소비자 덕분에 살아남을 수밖에 없는 세계죠. 그렇기 때문에 그 세계에서는 남성이 우월적일 수가 없는 것입니다.

FORESEEN : 마찬가지로 그 세계에서는 여성들이 성공할 수는 있지만 권력을 유지할 수는 없다고도 합니다. 여성들은 남성들에 의해 빠르게 밀려나기 때문이라는 거죠. 그 점에 대해서는 어떻게 생각하십니까?

알랭 드 뿌질락 : 양적으로 볼 때, 오늘날에는 틀린 말이 아니지만 앞으로도 그럴까요? 반면에 질적으로는 이미 사실이 아닙니다. 미국을 보십시오.

FORESEEN : 권력의 지위를 정복하고 그것을 보존하는 것에 있어서 여성들은 그 방법을 모르는 것일까요, 아니면 그렇게 하고 싶지 않은 걸까요?

알랭 드 뿌질락 : 프랑스의 전통을 제외하고는 여성들이 최고의 지위에 오르는 것을 어느것도 막을 수 없다고 생각합니다. 하지만 우리가 현재 체험하고 있는 그 멋진 진보에 맞서는 전통의 무게가 어느 정도일까요? 전혀 없습니다. 단지 시간과 환경과 기회의 문제일 뿐입니다. 프랑스에서는 50년 전만 해도 여성들이 투표권이 없었다는 점을 잊지 마십시오. 그러니 그동안 여성들이 지나온 길을 쉽게 가늠할 수 있지요. 그리고 다행히도 지금은 모든 것이 빨라지고 있습니다.

FORESEEN : 여성들이 권력의 지위에 도달하고, 그것을 보존하기 위해 필요한 행동 규범을 빠르게 이해하리라고 생각하십니까?

알랭 드 뿌질락 : 여성들은 그런 이해력을 가지고 있습니다.

그런데 사회와 정신성이 그들로 하여금 결정권을 쥔 지위에 도달하도록 용납하게끔 구축되어 있지 않다는 단순하고도 그럴 듯한 이유로 그들의 이해력을 인정해 주지 않는 것입니다. 자연히 결정권은 남성적인 본질에 속해 있었고, 여성들은 수세기 동안 그것에서 배제되어 있었죠. 집단적인 상상력으로선 결정을 내리는 여성은 사과를 베어먹은 이브, 즉 재앙이었던 것입니다. 따라서 여성들에게 그런 주도권을 준다는 것은 말도 안 되는 일이었죠. 오늘날 우리는 어쨌든 지난 수천 년 동안 사람들의 정신에 침투해 있었던 전통적인 체계에서 간신히 벗어나고 있습니다.

하지만 제 생각을 정확하게 다시 한 번 말씀드리자면, 미래에 있어 보다 훌륭한 지도자는 남성적 가치들과 여성적 가치들 사이에서 최상의 균형을 이루는 데 성공한 남성 또는 여성들인 개개인들이 될 것이라는 점을 강조하고 싶습니다. 어쨌든 저는 여성들이 그와 같은 지위에 도달하고, 그 지위를 유지하는 것을 막을 것은 아무것도 없다고 생각합니다.

FORESEEN : 그런 정신성의 진보를 보다 쉽게 이루기 위해서는 소년소녀들의 교육을 어떻게 진보시켜야 할까요?

알랭 드 뿌질락 : 아무것도 없습니다. 전 이미 이루어졌다고 생각합니다. 현재 20세 정도 나이의 세대는 그런 의미에서 진보된 세대입니다. 다행히도 더 이상의 차이는 없습니다. 어쨌든 그 점에 대해서 저는 제 딸과 아들들 사이에 차이가 없다고 생각합니다. 그것은 풍습의 진보 때문이기도 하지만, 어쩌면 우리 역사에 있어서 전쟁으로 점철되지 않은 최초의 부

모 자식 세대라는 사실 때문이기도 할 것입니다. 그때부터 가치들은 스스로 균형을 이루는 것이고, 오늘날 서구 세계에서는 더 이상 소년들과 소녀들의 교육에 차이가 없는 것입니다. 강한 혼성적 특성이 있죠.

　우리 아이들이 아이다운 역할을 하게 되면, 결국 게임은 끝나는 것입니다.

　FORESEEN : 커뮤니케이션과 광고의 세계에서, 귀하께서는 여성적 가치들을 통해 이루어진 표현의 변화를 인지하셨습니까?

　알랭 드 뿌질락 : 우선 광고는 남성들과 여성들에게서 가치들의 혼성적 특성을 보여 줍니다. 왜냐하면 광고는 소비자들의 반영, 즉 그들의 진보의 반영이니까요. 변화된 것이 있다면 반박의 여지없이 여성에 대한 존중이 더 강해졌고, 여성적 가치들에 보다 더 주의를 기울이게 되었다는 점이죠. 그 변화는 20년 전 광고에서 표현되던 것에 비하면 대단히 심오한 변화입니다. 아마도 프랑스에서는 이러한 변화가 미국에서만큼 쉽게 인식될 수는 없겠지만 그 진보는 명백합니다. 만일 오늘날 미국에서 자동차 한 대를 팔기 위해 나체의 여성을 표현한다면 당장 항의의 외침이 일고, 불매동맹(不買同盟)이 일어날 것입니다. 여성의 신체를 이용하는 것은 여론에서 절대로 받아들일 수 없는 유형이 되었습니다.

　FORESEEN : 남성들을 표현할 경우라면요?

　알랭 드 뿌질락 : 그것은 정반대입니다. 남성은 가사노동에

익숙해져 있기도 하고, 가정용품의 효율성을 입증할 수도 있죠. 거기서도 마찬가지로 광고에서 혼성적 특성이 이루어졌음이 표현됩니다. 남성은 이제 유일하게 결정을 내리고 값을 치르며 해결하는 사람이 아닙니다. 조력자이지요.

FORESEEN : 1983년 베네치아에서 그랑프리를 수상하셨던 귀하의 그 광고 필름——상점 Darty에서 한 커플이 사랑을 나누는 소리가 들리는——이, 오늘날 우리 화면에 오를 수 있을 거라고 생각하십니까?

알랭 드 뿌질락 : 아니오. 그것은 그 시대의 필름이었습니다. 그래서 그랑프리를 수상하였던 것이구요. 오늘날에는 Darty를 위해서 다른 일을, 우리 시대에 걸맞는 다른 일을 해야죠.

FORESEEN : 〈205 GTI 제임스 본드〉 필름은요?

알랭 드 뿌질락 : 우리는 새로운 안전 규칙들과 함께 어떤 난관에 부딪치게 될 유사한 차이점에 입각하여 그것을 다시 만들 수도 있겠지요. 그 새로운 규칙들은 어떤 면에서는 외관보다도 안전에 대한 소비자들의 커다란 우려로 인해 부과될 것입니다. 좋은 광고는 언제나 그 시대를 반영합니다. 선험적인 성공도 귀납적인 성공도 없습니다.

FORESEEN : 정치적이든 경제적이든 미래의 리더에 대해서 어떻게 생각하십니까?

알랭 드 뿌질락 : 사회적인 평가는 미래에 경제적인 평가만큼이나 중요하게 될 것입니다. 따라서 지금부터는 여성적인 가치들에 귀속되어 있는 감정적이고 전통적으로 카리스마적인 장점들과, 남성적 가치들에 귀속되어 있는 과감한 결단이라는 장점들을 도입해야 할 것입니다. 경제적 성과와 사회적이고 인간적인 성과들 사이에서 최상의 균형을 찾아야 합니다. 그런데 오늘날 제가 보기에 그것은 여성들과 남성들 사이에 공정하게 할당된 가치들이 될 것입니다.

FORESEEN : 그렇다면 귀하께서 보시기에 결정권을 가진 사람들이 갖추어야 할 소신으로는 무엇이 있을까요?

알랭 드 뿌질락 : 행동 없는 직관은 환각에 불과합니다.

FORESEEN : 여성적 가치들을 획득한 사회는 행동과 결과에 있어서 속도가 떨어질 우려가 있지 않을까요? 어떤 면에서 우리는 지나친 관용과 부드러움으로 무능력해지고, 보다 호전적인 문명에 맞서 공익을 수호할 능력이 없는 사회로 향하고 있지는 않을까요?

알랭 드 뿌질락 : 저는 현실이 그 무자비한 잔인성으로 방금 하신 질문의 자격을 잃게 하지 않을까 두렵습니다. 사실대로 말씀드리자면, 방금 지적하신 위험이 존재하는 것 같습니다. 하지만 다시 말씀드리지만, 인생의 잔인성과 현실주의가 그것을 제안하고 있지나 않을까 우려됩니다. 언제나 경청을 한 후에 결정을 해야 할 때가 오기 마련이지요.

   우리 사회 또한 서구 사회와 마찬가지로 후기 산업사회로 들어섰다고 할 수 있겠다. 지난 산업화 시절의 국가 계획적인 경제사회 개발을 거치면서, 우리는 이제 보다 나은 사회의 구현이 무엇인지에 대한 다각도의 진단을 시도하고 있다. 이 글에서 말하는 여성적인 가치들의 선택이 우리 사회가 갖는 특수성에 어느 정도까지 맞아 들어갈지는 모를 일이다. 그러나 우리 사회에도 지난 시절 서구에서 밀려 온 페미니즘의 거대한 물결이 있었고, 그러한 운동으로 인해 사회 여러 분야에서 개혁의 움직임과 변화가 있었고, 또 현재도 진행중인 것이 사실이다. 여전히 많은 여성들이 아직도 멀었다고 항의하겠지만 그러한 변화들이 사회의 각 분야에 침투해 들어갔다. 가정법을 위한 투쟁이 있었고, 경제권을 동등하게 나눠 갖기 위한 무수한 노력들이 있었고, 권력에 있어서도 고위관직 여성 인사들이 늘어나고 있다. 그렇다고 해서 여성들이 자신들의 정체성을 이루는 것들을 지키면서 그 전투에 임했던 것은 아니다. 자신들이 구현할 수 있는 가치들을 버리고, 일반적으로 남성들이 구현하는 호전적이고 비타협적이며 논쟁적인 가치들을 모방하면서 투쟁할 수밖에 없었다. 이는 이 글에서도 알 수 있듯이 서구 사회에서 벌어진 운동 모습과 비슷하다. 그러는 과정에서 진보를 부르짖는 젊은 여성 세대들의 삶은 여러 면에서 더욱 고통이 가중되는 양상을 보였다. 실제로 직장생활을 하는 대다수의 많은 여성들이 가사노동에 육아까지 책임지는 다중적인 삶을 살고 있는 것이 현실이다. 여전히 유교 전통, 남아선호 사상 등으로 대표되는 남성 우월주의적인 시각이 팽배해 있고 직장 내에서의 남녀 임금의 불평등, 각 분야 인사 문제에 있어서의 여성 차별이라는 현실적인 문제들이 많이 남아 있다.

　페미니즘으로 밀려든 여권 신장은 그 나머지 반수를 차지하는 남성들을 적으로 간주하는 오류를 범했고, 이제 이 시대는 더 이상 남녀 양성간의 대립을 원하지 않는다. 그렇다고 남성들로 구현되는 남성적 가치들이 여전히 이 땅에 유효한 것은 아니다. 그렇다면 21세기를 앞두고 거대한 또 하나의 물결, 세계화 속에서 우리 사회가 살아남고 보다 나은 사회를 구현하려면 어떠한 가치들을 받아들여야 하는가. 이 글에서도 밝혔듯이 여성들은 일반적으로 평등·연대감·직관·협상·도덕적인 힘·감정적인 카리스마 또는 관대함에 더 비중을 두는데, 그러한 가치들은 우리 사회에서도 각 분야에 걸쳐 그 파급효과를 보여 주고 있다. FORESEEN 연구소의 연구 결과와 마찬가지로 우리 사회에서도 각 가정에서 가부장적인 아버지의 역할이 점차 바뀌고 있으며, 기업 내에서는 적지않은 여성 사장들과 간부들이 자신들의 성의 정체성을 이루는 자질들을 기업 경영에 효과적으로 적용하고 있다. 그 중 가장 빠른 변화를 보이는 곳은 역시 시장이다. 상품 시장에 있어서 남녀 양분적인 마케팅은 더 이상 찾아볼 수 없다. 남녀 혼성적인 그러한 특성은 이제 미래의 특성으로 받아들여지고 있다. 다만 아직도 느린 걸음을 걷고 있는 정치계는, 서구 사회와 마찬가지로 우리 사회에서도 여성적인 가치들이 진입하기 가장 어려운 영역으로 생각된다. 타인에게 강제로 행사하는 힘이 아니라 타인이 인정하고 받아들이는 권위로서의 권력이 세워져야 하며, 그러한 권력만이 대화와 경청·유연성과 적응성을 가지고 앞으로 올 새로운 세기를 맞이하여 보다 나은 사회를 구현할 수 있는 진정한 청사진을 제시할 수 있지 않겠는가.

2000년 6월　문 신 원

문신원

이화여대 불어교육과 졸업
파리 소르본대학, 가톨릭대학 수학
현재 불어 전문 번역가로 활동
역서:《사랑의 찬가》《아름다운 비밀》
《나만의 자유를 찾아서》《죽음의 행군》외 다수

현대신서
35

여성적 가치의 선택

초판발행: 2000년 6월 30일

지은이: FORESEEN 연구소
옮긴이: 문신원
펴낸이: 辛成大
펴낸곳: 東文選
제10-64호, 78. 12. 16 등록
110-300 서울 종로구 관훈동 74번지
전화: 737-2795
팩스: 723-4518

편집설계: 韓仁淑

ISBN 89-8038-122-0 04300
ISBN 89-8038-050-X (세트)

【東文選 現代新書】

1 21세기를 위한 새로운 엘리트	FORESEEN 연구소 / 김경현	7,000원
2 의지, 의무, 자유	L. 밀러 / 이대희	6,000원
3 사유의 패배	A. 핑켈크로트 / 주태환	7,000원
4 문학이론	J. 컬러 / 이은경 · 임옥희	7,000원
5 불교란 무엇인가	D. 키언 / 고길환	6,000원
6 유대교란 무엇인가	N. 솔로몬 / 최창모	6,000원
7 20세기 프랑스철학	E. 매슈스 / 김종갑	8,000원
8 강의에 대한 강의	P. 부르디외 / 현택수	6,000원
9 텔레비전에 대하여	P. 부르디외 / 현택수	7,000원
10 고고학이란 무엇인가	P. 반 / 박범수	근간
11 우리는 무엇을 아는가	T. 나겔 / 오영미	5,000원
12 에쁘롱	J. 데리다 / 김다은	7,000원
13 히스테리 사례분석	S. 프로이트 / 태혜숙	7,000원
14 사랑의 지혜	A. 핑켈크로트 / 권유현	6,000원
15 일반미학	R. 카이유와 / 이경자	6,000원
16 본다는 것의 의미	J. 버거 / 박범수	10,000원
17 일본영화사	M. 테시에 / 최은미	7,000원
18 청소년을 위한 철학교실	A. 자카르 / 장혜영	7,000원
19 미술사학 입문	M. 포인턴 / 박범수	8,000원
20 클래식	M. 비어드 · J. 헨더슨 / 박범수	6,000원
21 정치란 무엇인가	K. 미노그 / 이정철	6,000원
22 이미지의 폭력	O. 몽젱 / 이은민	8,000원
23 청소년을 위한 경제학교실	J. C. 두루엥 / 조은미	근간
24 순진함의 유혹	P. 브뤼크네르 / 김웅권	9,000원
25 청소년을 위한 이야기 경제학	A. 푸르상 / 이은민	근간
26 부르디외 사회학 입문	P. 보네위츠 / 문경자	7,000원
27 돈은 하늘에서 떨어지지 않는다	K. 아른트 / 유영미	6,000원
28 상상력의 세계사	R. 보이아 / 김웅권	9,000원
29 지식을 교환하는 새로운 기술	A. 벵토릴라 外 / 김혜경	6,000원
30 니체 읽기	R. 비어즈워스 / 김웅권	6,000원
31 노동, 교환, 기술	B. 데코사 / 신은영	6,000원
32 미국만들기	R. 로티 / 임옥희	근간
33 연극의 이해	A. 쿠프리 / 장혜영	8,000원
34 라틴문학의 이해	J. 가야르 / 김교신	8,000원
35 여성적 가치의 선택	FORESEEN연구소 / 문신원	7,000원
36 동양과 서양 사이	L. 이리가라이 / 이은민	7,000원
37 영화와 문학	R. 리처드슨 / 이형식	8,000원

【東文選 文藝新書】

10 중국예술정신	徐復觀 / 權德周	24,000원
11 中國古代書史	錢存訓 / 金允子	14,000원
12 이미지	J. 버거 / 편집부	12,000원
13 연극의 역사	P. 하트놀 / 沈雨晟	절판
14 詩 論	朱光潛 / 鄭相泓	9,000원
15 탄트라	A. 무케르지 / 金龜山	10,000원
16 조선민족무용기본	최승희	15,000원
17 몽고문화사	D. 마이달 / 金龜山	8,000원
18 신화 미술 제사	張光直 / 李 徹	10,000원
19 아시아 무용의 인류학	宮尾慈良 / 沈雨晟	절판
20 아시아 민족음악순례	藤井知昭 / 沈雨晟	5,000원
21 華夏美學	李澤厚 / 權 瑚	15,000원
22 道	張立文 / 權 瑚	18,000원
23 朝鮮의 占卜과 豫言	村山智順 / 金禧慶	15,000원
24 원시미술	L. 아담 / 金仁煥	16,000원
25 朝鮮民俗誌	秋葉隆 / 沈雨晟	12,000원
26 神話의 이미지	J. 캠벨 / 扈承喜	근간
27 原始佛敎	中村元 / 鄭泰爀	8,000원
28 朝鮮女俗考	李能和 / 金尙憶	12,000원
29 朝鮮解語花史(조선기생사)	李能和 / 李在崑	25,000원
30 조선창극사	鄭魯湜	7,000원
31 동양회화미학	崔炳植	9,000원
32 性과 결혼의 민족학	和田正平 / 沈雨晟	9,000원
33 農漁俗談辭典	宋在璇	12,000원
34 朝鮮의 鬼神	村山智順 / 金禧慶	12,000원
35 道敎와 中國文化	葛兆光 / 沈揆昊	15,000원
36 禪宗과 中國文化	葛兆光 / 鄭相泓·任炳權	8,000원
37 오페라의 역사	L. 오레이 / 류연희	절판
38 인도종교미술	A. 무케르지 / 崔炳植	14,000원
39 힌두교의 그림언어	안넬리제 外 / 全在星	9,000원
40 중국고대사회	許進雄 / 洪 熹	22,000원
41 중국문화개론	李宗桂 / 李宰碩	15,000원
42 龍鳳文化源流	王大有 / 林東錫	17,000원
43 甲骨學通論	王宇信 / 李宰錫	근간
44 朝鮮巫俗考	李能和 / 李在崑	12,000원
45 미술과 페미니즘	N. 부루드 外 / 扈承喜	9,000원
46 아프리카미술	P. 윌레뜨 / 崔炳植	절판
47 美의 歷程	李澤厚 / 尹壽榮	22,000원

48 曼茶羅의 神들	立川武藏 / 金龜山	절판
49 朝鮮歲時記	洪錫謨 外/李錫浩	30,000원
50 하 상	蘇曉康 外 / 洪 熹	8,000원
51 武藝圖譜通志 實技解題	正 祖 / 沈雨晟·金光錫	15,000원
52 古文字學첫걸음	李學勤 / 河永三	9,000원
53 體育美學	胡小明 / 閔永淑	10,000원
54 아시아 美術의 再發見	崔炳植	9,000원
55 曆과 占의 科學	永田久 / 沈雨晟	8,000원
56 中國小學史	胡奇光 / 李宰碩	20,000원
57 中國甲骨學史	吳浩坤 外 / 梁東淑	근간
58 꿈의 철학	劉文英 / 河永三	22,000원
59 女神들의 인도	立川武藏 / 金龜山	13,000원
60 性의 역사	J. L. 플랑드렝 / 편집부	18,000원
61 쉬르섹슈얼리티	W. 챠드윅 / 편집부	10,000원
62 여성속담사전	宋在璇	18,000원
63 박재서희곡선	朴栽緒	10,000원
64 東北民族源流	孫進己 / 林東錫	13,000원
65 朝鮮巫俗의 硏究(상·하)	赤松智城·秋葉隆 / 沈雨晟	28,000원
66 中國文學 속의 孤獨感	斯波六郎 / 尹壽榮	8,000원
67 한국사회주의 연극운동사	李康列	8,000원
68 스포츠인류학	K. 블랑챠드 外 / 박기동 外	12,000원
69 리조복식도감	리팔찬	절판
70 娼 婦	A. 꼬르벵 / 李宗旼	20,000원
71 조선민요연구	高晶玉	30,000원
72 楚文化史	張正明	근간
73 시간 욕망 공포	A. 꼬르벵	근간
74 本國劍	金光錫	40,000원
75 노트와 반노트	E. 이오네스코 / 박형섭	절판
76 朝鮮美術史硏究	尹喜淳	7,000원
77 拳法要訣	金光錫	10,000원
78 艸衣選集	艸衣意恂 / 林鍾旭	14,000원
79 漢語音韻學講義	董少文 / 林東錫	10,000원
80 이오네스코 연극미학	C. 위베르 / 박형섭	9,000원
81 중국문자훈고학사전	全廣鎭 편역	15,000원
82 상말속담사전	宋在璇	10,000원
83 書法論叢	沈尹默 / 郭魯鳳	8,000원
84 침실의 문화사	P. 디비 / 편집부	9,000원
85 禮의 精神	柳肅 / 洪 熹	10,000원

86	조선공예개관	日本民芸協會 편 / 沈雨晟	30,000원
87	性愛의 社會史	J. 솔레 / 李宗旼	12,000원
88	러시아미술사	A. I. 조토프 / 이건수	16,000원
89	中國書藝論文選	郭魯鳳 選譯	25,000원
90	朝鮮美術史	關野貞	근간
91	美術版 탄트라	P. 로슨 / 편집부	8,000원
92	군달리니	A. 무케르지 / 편집부	9,000원
93	카마수트라	바짜야나 / 鄭泰爀	10,000원
94	중국언어학총론	J. 노먼 / 全廣鎭	18,000원
95	運氣學說	任應秋 / 李宰碩	8,000원
96	동물속담사전	宋在璇	20,000원
97	자본주의의 아비투스	P. 부르디외 / 최종철	6,000원
98	宗敎學入門	F. 막스 뮐러 / 金龜山	10,000원
99	변 화	P. 바츨라빅크 外 / 박인철	10,000원
100	우리나라 민속놀이	沈雨晟	15,000원
101	歌訣(중국역대명언경구집)	李宰碩 편역	20,000원
102	아니마와 아니무스	A. 융 / 박해순	8,000원
103	나, 너, 우리	L. 이리가라이 / 박정오	10,000원
104	베케트연극론	M. 푸크레 / 박형섭	8,000원
105	포르노그래피	A. 드워킨 / 유혜련	12,000원
106	셸 링	M. 하이데거 / 최상욱	12,000원
107	프랑수아 비용	宋 勉	18,000원
108	중국서예 80제	郭魯鳳 편역	16,000원
109	性과 미디어	W. B. 키 / 박해순	12,000원
110	中國正史朝鮮列國傳(전2권)	金聲九 편역	120,000원
111	질병의 기원	T. 매큐언 / 서 일 · 박종연	12,000원
112	과학과 젠더	E. F. 켈러 / 민경숙 · 이현주	10,000원
113	물질문명 · 경제 · 자본주의	F. 브로델 / 이문숙 外	절판
114	이탈리아인 태고의 지혜	G. 비코 / 李源斗	8,000원
115	中國武俠史	陳 山 / 姜鳳求	18,000원
116	공포의 권력	J. 크리스테바 / 서민원	근간
117	주색잡기속담사전	宋在璇	15,000원
118	죽음 앞에 선 인간(상 · 하)	P. 아리에스 / 劉仙子	각권 8,000원
119	철학에 관하여	L. 알튀세르 / 서관모 · 백승욱	10,000원
120	다른 곳	J. 데리다 / 김다은 · 이혜지	8,000원
121	문학비평방법론	D. 베르제 外 / 민혜숙	12,000원
122	자기의 테크놀로지	M. 푸코 / 이희원	12,000원
123	새로운 학문	G. 비코 / 李源斗	22,000원

124	천재와 광기	P. 브르노 / 김웅권	13,000원
125	중국은사문화	馬 華·陳正宏 / 강경범·천현경	12,000원
126	푸코와 페미니즘	C. 라마자노글루 外 / 최 영 外	16,000원
127	역사주의	P. 해밀턴 / 임옥희	12,000원
128	中國書藝美學	宋 民 / 郭魯鳳	16,000원
129	죽음의 역사	P. 아리에스 / 이종민	13,000원
130	돈속담사전	宋在璇 편	15,000원
131	동양극장과 연극인들	김영무	15,000원
132	生育神과 性巫術	宋兆麟 / 洪 熹	20,000원
133	미학의 핵심	M. M. 이턴 / 유호전	14,000원
134	전사와 농민	J. 뒤비 / 최생열	18,000원
135	여성의 상태	N. 에니크 / 서민원	22,000원
136	중세의 지식인들	J. 르 고프 / 최애리	18,000원
137	구조주의의 역사(전4권)	F. 도스 / 이봉지 外	각권 13,000원
138	글쓰기의 문제해결전략	L. 플라워 / 원진숙·황정현	18,000원
139	음식속담사전	宋在璇 편	16,000원
140	고전수필개론	權 瑚	16,000원
141	예술의 규칙	P. 부르디외 / 하태환	23,000원
142	사회를 보호해야 한다	M. 푸코 / 박정자	16,000원
143	페미니즘사전	L. 터틀 / 호승희·유혜련	26,000원
144	여성심벌사전	B. G. 워커 / 편집부	근간
145	모데르니테 모데르니테	H. 메쇼닉 / 김다은	20,000원
146	눈물의 역사	A. 벵상뷔포 / 김자경	18,000원
147	모더니티입문	H. 르페브르 / 이종민	24,000원
148	재생산	P. 부르디외 / 이상호	18,000원
149	종교철학의 핵심	W. J. 웨인라이트 / 김희수	18,000원
150	기호와 몽상	A. 시몽 / 박형섭	22,000원
151	융분석비평사전	A. 새뮤얼 外 / 민혜숙	16,000원
152	운보 김기창 예술론연구	최병식	14,000원
153	시적 언어의 혁명	J. 크리스테바 / 김인환	20,000원
154	예술의 위기	Y. 미쇼 / 하태환	15,000원
155	프랑스사회사	G. 뒤프 / 박 단	16,000원
156	중국문예심리학사	劉偉林 / 沈揆昊	30,000원
157	무지카 프라티카	M. 캐넌 / 김혜중	근간
158	불교산책	鄭泰爀	20,000원
159	인간과 죽음	E. 모랭 / 김명숙	23,000원
160	地中海(전5권)	F. 브로델 / 李宗旼	근간
161	漢語文字學史	黃德實·陳秉新 / 河永三	24,000원

【롤랑 바르트 전집】

▨ 현대의 신화	이화여대기호학연구소 옮김	15,000원
▨ 모드의 체계	이화여대기호학연구소 옮김	18,000원
▨ 텍스트의 즐거움	김희영 옮김	15,000원
▨ 라신에 관하여	남수인 옮김	10,000원

【漢典大系】

▨ 說　苑 (上·下)	林東錫 譯註	각권 30,000원
▨ 晏子春秋	林東錫 譯註	30,000원
▨ 西京雜記	林東錫 譯註	20,000원
▨ 搜神記 (上·下)	林東錫 譯註	각권 30,000원

【기　타】

■ 경제적 공포	V. 포레스테 / 김주경	7,000원
■ 古陶文字徵	高　明·葛英會	20,000원
■ 古文字類編	高　明	24,000원
■ 古文字學論集(第一輯)	中國古文字學會 편	12,000원
■ 金文編	容　庚	36,000원
■ 딸에게 들려 주는 작은 지혜	N. 레흐레이트너 / 양영란	6,500원
■ 딸에게 들려 주는 작은 철학	R. 시몬 셰퍼 / 안상원	7,000원
■ 미래를 원한다	J. D. 로스네 / 문 선·김덕희	8,500원
■ 산이 높으면 마땅히 우러러볼 일이다	유　향 / 임동석	5,000원
■ 서기 1000년과 서기 2000년 그 두려움의 흔적들	J. 뒤비 / 양영란	8,000원
■ 세계사상·창간호		10,000원
■ 세계사상·제 2 호		10,000원
■ 세계사상·제 3 호		10,000원
■ 세계사상·제 4 호		14,000원
■ 선종이야기	홍　희 편저	8,000원
■ 십이속상도안집	편집부	8,000원

東文選 現代新書 1

21세기를 위한 새로운 엘리트

FORSEEN 연구소 (프)

김경현 옮김

 우리 사회의 미래를 누르고 있는 경제적·사회적 그리고 도덕적 불확실성과 격변하는 세계에서 새로운 지표들을 찾는 어려움은 엘리트들의 역할과 책임에 대한 재고를 요구한다.

 엘리트의 쇄신은 불가피하다. 미래의 지도자들은 어떠한 모습을 갖게 될 것인가? 그들은 어떠한 조건하의 위기 속에서 흔들린 그들의 신뢰도를 다시금 회복할 수 있을 것인가? 기업의 경영을 위해 어떠한 변화를 기대해야 할 것인가? 미래의 결정자들을 위해서 어떠한 교육이 필요한가? 다가오는 시대의 의사결정자들에게 필요한 자질들은 어떠한 것들일까?
 이 한 권의 연구보고서는 21세기를 이끌어 나갈 엘리트들에 대한 기대와 조건분석을 시도하고 있으며, 구체적으로 그들이 담당할 역할과 반드시 갖추어야 될 미래에 대한 비전을 제시하고 있다.
 본서는 프랑스의 세계적인 커뮤니케이션 그룹인 아바스 그룹 산하의 포르셍 연구소에서 펴낸 《미래에 대한 예측총서》 중의 하나이다. 63개국에 걸친 연구원들의 활동을 바탕으로 세계적인 차원에서 우리 사회를 변화시키게 될 여러 가지 추세들을 깊숙이 파악하고 있다.
 사회학적 추세를 연구하는 포르셍 연구소의 이번 연구는 단순히 미래를 예측하는 데에 그치는 것이 아니라, 미래를 준비하는 자들로 하여금 보충적인 성찰의 요소들을 비롯해서, 그들을 에워싸고 있는 세계에 대한 보다 넓은 이해를 지닌 상태에서 행동하고 앞날을 맞이하게끔 하기 위해서 이 관찰을 활용하자는 것이다.

東文選 現代新書 28

상상력의 세계사

뤼시앵 보이아

김웅권 옮김

상상력의 세계는 인류가 지나온 역사 전체를 아우르는 광대하고 심원한 시공의 세계이다. 인간이 다른 존재와 차별적 존재로서 자신과 우주에 대해 몽상을 시작한 아득한 옛날부터 과학이 종교화되고 있는 현대에 이르기까지, 그것은 지속적으로 우리의 삶 구석구석에 침투하면서 인간과 세계에 대한 인식과 신비를 확장시켜 왔다. 그렇다면 이와 같은 정신의 기능이 걸어온 역사를 쓰고, 이로부터 그것이 지닌 법칙을 도출해 낼 수 있을 것인가?

상상력의 세계사, 그것은 인류 역사의 새로운 접근이다. 20세기에 이루어진 공산주의와 전체주의의 실험과 좌절, 민주주의의 확산, 현대의 첨단과학이 추구하는 꿈, 종말론의 난무, 외계에 대한 꿈, 문명의 충돌과 전쟁 등으로부터 과거의 모든 문명들이 추구했던 이상에 이르기까지, 상상력의 세계가 지닌 원형적 구조들은 어디에나 은밀하게 기능하면서 역사의 공간을 풍요롭게 채색해 왔다. 그것들은 개인의 차원이든 사회 공동체의 차원이든, 자연 앞에서 문화를 일구어 나가는 일상적인 행동의 원초적 원리를 간직하고 있다. 독자는 저자가 전개하는 논리를 따라가다 보면, 오늘날의 다원적이고 풍요로운 사회를 뿌리에서 지탱해 주는 신화적 세계로 자연스럽게 이동할 수 있고, 동시에 인간에 대한 어떤 정체성을 확인할 수 있을 것이다.

東文選 現代新書 29

지식을 교환하는 새로운 기술

알랭 벵토릴라 〔外〕

김혜경 옮김

무엇이 내일의 언어일까?

지식에 대하여 언급할 때는 그 일반에 대하여 말하는 것을 피하고 있지 않은가? 지식의 효율성이나 진실성에 의문을 제기하는 것이 결코 중요시되지 않기 때문에, 지식을 말할 때는 그 내용의 확산이나 논쟁의 여지를 두는 것을 피한다. 그렇기 때문에 정치선동가에게 투기를 한다거나 무책임한 상대주의를 따르지 않고서야, 누가 이 모든 지식이 가치 있다고 지지할 수 있겠는가?

지식은 순환되고 전달되고 교환된다. 그러나 지식의 진위(眞僞)나 그 가치에 대해 의문을 제기하지 않고, 그저 순환과 전달·교환이 계속 되풀이되는 오늘의 현실 앞에서, 결국 지식에 대한 논쟁이나 그 지식을 옳다고 인정하는 행위 따위는 그 자리를 잃어가고 있다. 그렇지만 교육의 기회가 누구에게나 평등하게 주어지는 민주사회에서 이 지식의 문제는 결코 피할 수 없는 중요한 과제이다.

이 책에서 볼 수 있는 철학자·과학자 들의 지식 교환에 대한 열렬한 토론은, 오늘날 우리의 문제인 이런 혼돈을 경감시켜 주고 있다.

東文選 現代新書 24

프랑스 [메디시스賞] 수상작

순진함의 유혹

파스칼 브뤼크네르
김웅권 옮김

아무것도 당신을 슬프게 하지 않을 때 불행을 흉내내는 것이 왜 눈살을 찌푸리게 하는가? 그 이유는, 그럼으로써 진정 아무런 혜택도 받지 못한 자들의 위치를 빼앗는 것이기 때문이다. 그런데 후자의 박복한 사람들이 요구하는 것은 제도의 위반도 특권도 아니다. 그것은 단지 다른 사람들처럼 남자이고 여자일 수 있는 권리이다. 바로 여기에 모든 차이가 있는 것이다. 거짓 절망한 사람들은 자신들이 구별되기를 원하고, 평범한 인간과 혼동되지 않기 위해 특권을 요구한다. 그런데 다른 사람들은 단지 인간이 되기 위해 정의를 요구한다. 이것이 바로 그토록 많은 범죄자들이 전혀 양심에 거리낌 없이 범죄를 저지르기 위해, 그리고 더럽지만 무고한 놈이 되기 위해 사형수의 옷을 걸치는 이유이다.

고통을 많이 받는 사람들이 우리 시대에 정통파적으로 생각하는 새로운 사람들일까? 그렇다면 자유와 변덕을 더 이상 혼동해서는 안 될 때가 아닌가? 두려움과 허약함은 우리가 성숙을 거부하기 위해 지불해야 하는 대가인가? 끝으로 다수의 시민들이, 진정으로 혜택받지 못한 자들의 목소리를 덮어 버릴 위험을 무릅쓰고 희생자의 지위를 갈망한다면, 어떻게 민주주의를 유지할 수 있겠는가?